L'HERMITE

DU MARAIS,

ou

LE RENTIER OBSERVATEUR.

TOME SECOND.

※

A PARIS,

Chez { Laurens, Imprimeur-Libraire, rue du Pot-de-Fer, n°. 14.
Pélissier, Palais-Royal, galerie des Offices.

1819.

L'HERMITE

DU MARAIS,

ou

LE RENTIER OBSERVATEUR.

De l'Imprimerie stéréotype de LAURENS aîné,
rue du Pot-de-Fer, n°. 14.

L'HERMITE

DU MARAIS,

ou

LE RENTIER OBSERVATEUR.

C'est quelque chose de bien agréable qu'une inscription de 1500 fr. sur le grand livre de la dette publique, avec cela on peut aller, venir et observer : l'inscription est là.

TOME SECOND.

A PARIS,

Chez { Laurens, Imprimeur-Libraire, rue du Pot-de-Fer, n°. 14.
Pelissier, Palais-Royal, galeries de bois.

1819.

L'HERMITE

DU MARAIS,

OU

LE RENTIER OBSERVATEUR.

Bonne nouvelle.

Il y a long-tems que parmi les ouvrages posthumes de *M. J. Chénier*, se trouve une tragédie intitulée Tibère. Plusieurs journaux annoncent qu'on en a entendu récemment des lectures dans quelques sociétés, et qu'on y a reconnu des beautés du premier ordre. Il paroîtrait que le sujet est pris dans l'histoire de la vie de Tibère, depuis la mort de Germanicus, (Moniteur du 5 mai 1817.) Si l'on veut que cette tragédie n'ait pas le même sort que celle de M. Arnault, il faudra, en la produisant sur la scène, se montrer prudent, réservé; appeler peu de monde pour la soutenir, persuadé que si elle est bonne, elle saura bien se suffire pour cela; on n'aura qu'à consulter l'auteur des Templiers ou plutôt le charger de tout, et tout se passera bien. Un homme si sage, ira au devant de tous les périls, et saura en triompher. C'est sur tout dans les gros tems qu'un bon pilote est nécessaire. Il est trop peu connu l'homme que je cite ici. Son extrême simplicité le dérobe aux regards d'un public léger, frivole, et que le clinquant éblouit presque toujours.

En effet comment supposer qu'un auteur modeste, dans sa mise comme dans son maintien, un homme tout uni, un solitaire presque farouche, puisse avoir du génie. Il est venu du fond de sa province avec quatre ou cinq tragédies, dont deux sont déjà connues. Ainsi cet homme produit ou crée comme produisait Lafontaine. C'est-a-dire, tout naturellement, sans génie; voila ce que disent les petits-beaux esprits. Mais ils ne persuadent pas. On sait à quoi s'en tenir sur cela. On sait que nul littérateur de ce siècle n'est plus laborieux, plus apte que M. Raynouard; nul ne sait plus obtenir du tems; qu'à leur exemple, il ne le perd pas en allées et venues, en visites ambitieuses, en parties de plaisir, en guerre de plume, en agression, en riposte, en lecture d'aparats dans les sallons, et voire même dans les boudoirs; non, l'auteur des templiers a d'autres habitudes, d'autres vues, d'autres moyens pour se produire. Son char n'éclabousse personne, ses gens ne blessent ni n'insultent, sa muse n'est ni fastueuse ni vagabonde ; c'est un homme qui va droit son chemin, sans s'incliner, ni se fourvoyer. Arrivé dans sa délicieuse retraite de Passy, il y revoit l'honorable famille à laquelle il est uni par les liens de la plus sincère amitié, là il retrouve sa bibliothèque où bientôt...

Il écrit l'œil fixé vers la postérité ;

LÉGOUVÉ.

Epicharis et Néron. acte 2, scène 1re.

Lorsque ses devoirs de chancelier de l'académie française, le rappellent à Paris, il y vient, et tout bonnement en rêvassant à la Corneille ou à la Boileau. O admirable simplicité de l'homme de génie ! la boursouflure des hommes à prétention, ne te vaudra jamais. Pourtant ils y tiennent, et ne peuvent s'en déshabituer. connoître ses intérêts est un avantage qui n'est pas accordé à tous.

Oronte.

Il a trente ans, sa fortune est considérable, sa femme jeune et belle l'aime uniquement; ses enfans au nombre de deux, fille et garçon, ne le chérissent pas, ils l'adorent; ses domestiques sont fidèles et zélés; tout prospère, enfin, chez Oronte, hors lui, qui est distrait, sombre, rêveur, maigre, pâle et pour ainsi dire, décharné. Il fait peine à voir; qu'a donc cet homme, une maladie secrète, incurable? non, un ver rongeur? non, il a une maîtresse dont il est amoureux fou, qu'il entretient, et tient cachée dans un des quartiers de Paris les plus isolés; les plus déserts, et comme qui dirait au marais, dans la rue de la Perle.

Là dans un charmant réduit, dans une bonbonière, se trouve Agnès, petite grisette qui un soir s'échappa de sous l'aile de sa maman, pour suivre Oronte, et aussi lestement que dans la comédie du *Conteur et les deux postes*, la jeune personne quitte son père aveugle, pour suivre son amant, ce qui n'est ni moral, ni comique, soit dit sans déplaire à l'auteur de cette jolie comédie.

Oronte depuis ce moment ne vit plus, ne respire plus, il n'est plus époux, n'est plus père, n'est plus homme sociable; il n'est plus que l'amant d'Agnès, qu'il rend très-malheureuse; comme elle s'est donnée, ou plutôt vendue à lui, il craint qu'elle ne se vende à un autre; la duègne qu'il a placée près d'elle ne le rassure guère. Le matin il s'échappe de chez lui sans rien dire à sa femme ni à ses enfans, il monte dans un cabriolet, paye double course, et arrive chez sa belle qu'il surprend *in habitu*. Il passe là *deux heures*, qu'il appele *délicieuses*. Prêt à s'éloigner il gémit, soupire, et arrive chez lui avec l'air le plus sombre, le plus maussade; ni les caresses affectueuses et touchantes de sa femme.

ni celles de ses enfans, ni même le *bonjour* salutaire d'un père vertueux, ne peuvent rien sur lui. Il entend et reçoit tout cela avec une froide indifférence, ou tout au plus, avec une sensibilité affectée. Enfin, Oronte est un homme perdu, si quelque aimable fou ne lui ravit son Agnès, et si un ami sage ne le ramène à la raison, au devoir, et au bonheur qui ne saurait être pour lui que près de l'épouse qu'il a trahie, et près des enfans qu'elle lui a donnés et dont, avec raison, elle ose se montrer fière.

Frémonville.

Je vais, lecteur, vous faire connaître ce gros réjoui, cet heureux d'ici bas. Il a quarante cinq ans bien comptés, et joue sur cette immense scène du monde, un rôle très-distingué; sa femme jeune encore, à de quoi plaire; ses enfans, au nombre de quatre, remportent chaque année les prix dans les lycés, cela doit être ainsi; leur pension est forte et exactement payée, et les professeurs reçoivent régulièrement leurs six à huit cadeaux par an, il suffit pour cela de la moindre occasion. Prémonville paye aussi pension à son père qui, en ce moment, tousse, crache, clanpine et dépérit, à *Sainte Périne de Chaillot*, après s'être dépouillé en faveur du cher fils, qui tenant table, et recevant force monde, ne pouvait pas décemment laisser errer dans sa maison, ou plutôt dans son palais, un viellard cacochyme, et d'un aspect rebutant, grand mot, dont on se sert pour couvrir bien des iniquités.

Ma chère amie, mes chers enfans, mon bon vieux père, mes joyeux et vrais amis, sont les mots qui, à chaque instant, et en toute occasion, sortent de la bouche de Prémonville, des vertus duquel il est sans cesse parlé.

Pourtant cet homme vertueux a deux maîtresses, dans deux quartiers opposés, il leur rend visite une fois par semaine, et fait prévenir la veille, ce qui n'est pas sans avantage pour ces deux demoiselles, ni pour leur monsieur, qui, bien certainement croit l'être en titre et exclusivement à tout autre.

La matinée du lundi est accordée à Syrénis, et la soirée du jeudi est toute entière pour Silvanire ; le reste de la semaine, et même le dimanche, sont pour l'épouse légitime, qui peut à bon droit, se croire négligée, mais non dédaignée, car son époux est aux petits soins, il se confond en douceur, en politesse et miévreté ; force cadeaux, toujours accompagnés de petites flateries sur la fraîcheur, l'embonpoint et les graces naturelles de la dame, qui se voit forcée de convenir qu'elle a un aimable mari.

Les jours où Prémonville rend visite à ses maîtresses, sont ceux aussi pendant la durée desquels sa chère épouse a le plus à se louer, non des transports de son amour, mais de ses égards, de ses petits soins et prévenances. Je ne sais s'il y a perfidie et fausseté de la part du mari, seulement je dis, il est tel, et sans se démentir. Point d'humeur, de brusquerie, de colère, il se possède et sait avec méthode, raisonnement, calcul et réflexion, obéir à ses penchans, les apparences sont bien ménagées, les petites intrigues bien conduites, et tout chez l'heureux Prémonville, se passe pour le mieux, on y vit comme dans le meilleur des mondes ; joignez à cela cette immense fortune et cette haute considération qui permettent à ce sage, selon le siècle, de se dire optimiste, et vraiment content de tout.

Moment de repos.

Je viens de lire le *discours sur les satiriques anciens et modernes*, qui précède l'excellente *traduction de Juvénal par feu Dussaulx*. Il y a des choses fortes et bien pensées. Le traducteur qui a su s'exprimer ainsi, pouvait sans doute *aller seul*, ainsi que le disait Rousseau, qui après avoir traduit le premier livre de l'histoire de Tacite, laissa là toute servilité pour ne plus obéir qu'à son génie ; l'on sait ce qu'il lui a fourni, et certes nous ne renverrons pas à ses traductions l'auteur de l'Emile et de Julie, ainsi qu'on renvoya à ses moutons l'aimable Deshoulières qui s'était avisée de faire une tragédie, laquelle fût sifflée.

Selon Dussaulx, la satire maintenant si décriée, n'était rien autre chose que la morale et le goût, appliqués aux actions, aux discours et aux écrits. Ce qui embrasse tous les intérêts de l'humanité, soit qu'elle pense ou qu'elle agisse ; Juvénal l'avait bien senti, puis qu'il déclare que tout ce qui affecte, tout ce qui meut les humains, sera la matière de son livre.

Quidquid agunt homines, votum, timor, ira, voluptas,
Gaudia, discursus, nostris est farrago libelli.
Satir 1re.

Vaste carrière ! Journalistes, c'est pourtant celle que vous êtes appelés à parcourir ! pourquoi donc plusieurs d'entre vous sont-ils si froids, si restreints; car sans doute vous n'appelez pas hardiesse, vos petits traits malins contre les faibles, les médiocres, tandis que vous n'osez attaquer ceux qui vous fourniraient matière à de nobles attaques. Vous annoncez un ouvrage dont le titre pompeux semble embrasser toute la nature, j'attends de vous sur cela une analyse, sinon parfaite, du moins bien faite, je lis, et ne vois qu'un maigre article, tout en pointes, en demi-traits, en jeux de mots, point de ces raisonnements bien serrés, forts de pensées, riches d'expression, et d'une dialectique toute triomphante. Je me dis alors ces gens-là ne connaissent-ils point Bayle, ne l'ont-ils point près deux, avec eux, sous leur chevet, ou sur leur bureau. Je me dis cela, et l'entends dire à d'autres. Quoique rentier du Marais, on voit du monde, on écoute, et complaisamment, l'inscription est la, on n'est ni distrait ni pressé.

Je vais aussi quelques fois dans les rédactions, et je remarque avec peine, que la jeunesse y domine. Avant quarante ans bien sonnés, on ne saurait être bon journaliste ; on a alors trop de feu dans la tête, et pas assez de jugement ; puis on est distrait encore par les passions tyranniques, on lit à la légère, on trace de même, et l'on ne livre véritablement chaque matin au public, que des feuilles fugitives. Parce qu'un petit léttré aura fait trois vaudevilles, quelques couplets, et son roman, cela lui suffira-t-il pour paroître avec assurance dans une rédaction, à côté des Dejoui, des Dussault, des Lacretelle et des Chèron ? non, et c'est précisément parce qu'ils ne peut produire que que de si faibles titres, qu'il faut l'inviter à en mériter de plus imposans. Ce sont ces frivolités argenteuses qui nuisent à tout talent naissant. Qu'il les dédaigne donc, et que loin de se produire si inconsidérément, il aille à l'exemple des Fréron, des Geoffroi, et sur tout de Jean-Jacques, se murir en silence, afin qu'un jour, on lui applique ces vers.

Ainsi l'aigle caché dans les forêts d'Ida,
Pour prendre un vol plus haut, souvent le retarda. LEMIÈRE.

Barba.

Tragédies, comédies, vaudevilles, drames, mélodrames, pantomimes, se trouvent empilés chez lui. Tous les théâtres sont là, non comme les bouquins chez Cordier, mais avec ordre et symétrie. Demandez, on ne vous fera pas attendre ; demandez, non au sieur Barba, il n'est jamais là, mais à sa dame, qui est aimable, spirituelle, et enfin bonne marchande ; il y a plaisir à la voir et à lui acheter, bien qu'elle tienne souvent la dragée haute, et selon qu'elle vous en voit desireux ; c'est là le fin du métier.

N'espérons des humains rien que par leurs faiblesses.

En entrant dans le magasin du sieur Barba, vous y verrez tout d'abord le portrait du gai, du malin, du sardonique et vagabond Pigault-Lebrun. Je dis vagabond de verve, car pour sa conduite elle est sans doute très-sage et très-régulière. Il ne faut pas juger de l'homme par ses écrits; cela est prouvé.

J'ai dit : Pigault est de tous nos romanciers le plus heureux, et j'ajoute qu'il mérite cette préférence, parce qu'il sert les liseurs et liseuses bien d'après leur goût, parce qu'il sait plaire, qu'il égaye sa narration, que son style est vif, animé, non brillanté, mais soutenu.

Le jovial, le grave, le sérieux, le hardi; le téméraire se trouvent réunis dans les romans de Pigault, mais avec art. Une pensée forte y est suivie d'un quolibet ; une réflexion morale y est égayée par une saillie plus que bouffonne, et une amère satire s'y trouve tout-à-coup adoucie par une réminiscence qui en détruit l'impression. Qui le croirait ? Il y a dans les romans de cet homme singulier, jusqu'à des morceaux d'histoire bien frappés, et tels que les Vertot et les Saint-Réal eussent pu s'en glorifier.

Pigault-Lebrun est un auteur à part, et qu'il ne faut comparer ni associer à nul autre. Le mal qu'il fait par ses écrits, ses écrits le détruisent, parce que l'on voit qu'ils viennent d'un franc rieur, qui jamais ne pense à mal, et qui seulement suit sa vocation, qui est de faire des romans gais.

Les femmes sont folles du Pigault ; elles le demandent en baissant les yeux, et le reçoivent de même. Le leur défendre serait les désespérer ; c'est leur pain quotidien. Les jeunes gens se l'arrachent ; quelques-uns disent, en le rendant : il est fou, il est bête ! puis ils le redemandent et le relisent. Il ne faut donc pas en croire la grossière épithète. Entrez dans le premier cabinet de lecture qui s'offrira à vos regards ; demandez-y *Jérôme* ou *Monsieur Botte*, si l'on ne vous le présente pas tout frippé, tout usé, tout crasseux, dites : l'hermite du Marais a trop prouvé.

Madame de Genlis et madame Cottin ne sont ni mieux vêtues, ni plus propres, et cela prouve également en leur faveur ; mais ces dames auront leur tour. Je reviens à Pigault : un si gai convive ne se quitte pas facilement.

Je lui conseille de ne plus nous donner de *mélanges*, mais un vrai roman, mais une narration suivie et brodée à sa manière. Il touche à l'âge où l'on ne pardonne plus le médiocre ; qu'il s'enferme pendant quelque tems, et qu'on le voie reparaître avec un livre, tel qu'il doit le savoir faire maintenant, et tel qu'on a droit de l'attendre de lui. Il fera bien aussi de faire disparaître de ses ouvrages ses nombreuses agressions contre feu Geoffroi. Rien n'est plus à considérer et à respecter qu'un bon critique, un véritable Aristarque : sorte de fanal littéraire qui nous dirige sur la vaste mer des connaissances humaines, où se trouve çà et là et à chaque brasse, pour ainsi dire, un écueil, un gouffre, où s'engloutissent trop souvent l'inexpérienc et la témérité.

Geoffroy méritait plus d'égards. Que de jeunes auteurs l'aient outragé, je le conçois ; mais qu'un Pigault se soit joint à eux et ait servi leur impuissante rage, c'est ce que je déplore. Si le génie n'est loué dignement que par le génie même, le talent sera obscurci, par son trop d'empressement à se produire, surtout lorsque pour cela il voudra éclipser, ou déprécier, un autre talent rival. Il est des armes tellement dangereuses, qu'on ne saurait les manier sans se blesser. Il vaut mieux les laisser là, et demeurer sans défense. On intéresse alors ; on a pour soi les sages, et l'on peut se croire assez vengé.

Giguet-Michaud.

C'est un illustre. Long-tems il a eu, et sans doute il a encore, un privilége exclusif pour imprimer les œuvres de Delille et celles de madame Cottin. Ces deux auteurs sont morts, et sans doute le sieur Michaud n'a pas été des derniers à déplorer une perte qu'il sentira de plus en plus.

Cependant les œuvres de Delille sont là ; elles ont survécu à leur auteur, et lui survivront encore long-tems. Ce n'est pas qu'il ait su créer; mais il a su avec beaucoup d'art, s'approprier les innombrables beautés des écrits des Fénélon, des Buffon, des Jean-Jacques et des Bernardin de Saint-Pierre. Il a pour ses *jardins* su mettre à contribution quelques auteurs anglais et français, et surtout le *Prœdicum rusticum* du père Vanière. *L'homme des champs* se compose aussi de fragmens très-connus, pour la plupart, et réunis avec une adresse heureuse. Les *Trois règnes* lui ont été fournis par Lucrèce, qu'il a rapproché de nous et rendu intelligible; c'est beaucoup. La *Pitié*, bien qu'elle offre une série d'anecdotes, d'historiettes, liées à l'aide d'un fil assez léger, se lit pourtant avec intérêt, mais qui cède à celui qu'inspire le poëme de *l'imagination*. Je dis poëme, car celui-là en est vraiment un et brillant, et *qui* sans doute en inspirera beaucoup d'autres. Est-ce un bien, est-ce un mal ? C'est ce qu'il ne m'appartient pas de décider.

Viennent ensuite les traductions ; celle du *Paradis perdu* offre nombre de passages d'une belle et riche facture, des vers heureux et vraiment énergiques; d'autres sont faibles, maniérés, prosaïques, et tels peut-être qu'ils s'offrent dans l'original. Peut-être aussi *Delille* a-t-il eu trop de respect pour le *divin Milton*, Dieu bizarre, auquel l'homme sensé refuse souvent son hommage.

Il existait plusieurs traductions de l'*Enéide*, lorsqu'il a plû à Delille de nous donner la sienne. Il y en a qui lui préfèrent encore celles en prose, et particulièrement celle de l'abbé Desfontaines. Ont-ils tort, ont-ils raison ? Je m'abstiens de prononcer ; j'aime à me montrer un peu *douteur;* mais j'aime aussi à dire que j'ai lu la traduction de Delille ; que parmi des *vers de remplissage*, il s'en trouve d'assez bien frappés, et que la partie descriptive du poëme qui, comme l'on sait, offrait de grandes difficultés, est en général bien traitée.

Vient enfin la belle copie des *Géorgique*, le premier et très-heureux coup d'essai de Delille. Là le traducteur marche d'un pas égal à celui de son auteur, ou s'il s'en laisse devancer, c'est pour peu d'instans ; il s'évertue, s'anime, et le rejoint pour ne plus le quitter. Phrases poétiques bien coupées, bien harmonieusement cadencées; vers brillans, heureux, couleurs antiques et vraiment locales, passages rendus avec une adresse toute victorieuse, voilà ce que l'on remarque dans cette traduction, voilà pour Delille la palme immortelle. Ce n'est à la vérité qu'une très-faible partie de celle que tient Virgile ; mais n'est-ce pas assez, et n'est-il pas flatteur d'en avoir obtenu ce présent, ou de lui avoir fait ce larcin.

Résumons-nous : une dame part pour la campagne ; elle emporte avec elle les œuvres de Delille; cela explique tout, cela classe le poète. Il est aussi dans les colléges, et cela même ajoute encore à ma décision, qui n'est ni tranchante, ni arbitraire. D'ailleurs, je sens assez que je ne suis pas homme à faire autorité, même lorsque je m'écrie : viens, viens avec moi, ô Lucain ! venez aussi Horace, Juvénal ! vous parlez aux hommes, vous les instruisez en leur faisant entendre de ces grandes et utiles vérités, qu'il leur est si important de connaître. Ils vous nomment leurs guides, leurs mentors, et disent aux dames et aux jeunes gens : prenez pour vous l'aimable et très-gracieux Delille.

Maradan.

C'est chez lui qu'il faut aller pour avoir de la première main les in-12 et les in-8°. de madame de Genlis, qui, comme on le sait, sont très nombreux.

Passons à cette dame, ses romans, ils sont l'exquis du genre, et toujours, je veux dire long-tems, on lira *mademoiselle de Clermont, madame de Lavalière, mademoiselle de Lafayette, Alphonsine*, etc., etc.; mais pour les *Annales de la Vertu*, j'en doute; mais pour *le petit Labruyère, les petites Heures nouvelles, la Maison rustique, la, le, les*, j'en doute encore plus. Mais voyons si mon septicisme est fondé. Est-ce parce que dans tous ces ouvrages d'un apparat scientifique, se trouvent forces injures contre les philosophes du dix-huitième siècle? Oui, et c'est cela précisément qui rendra suspecte la doctrine de la femme auteur; c'est pour cela que l'on écartera une partie de son lourd bagage, pour en sortir ses romans qui plaisent, ont de quoi plaire, et plairont long-tems:

Comment, avec autant de sensibilité dans l'âme, madame de Genlis peut-elle traiter Rousseau avec tant d'aigreur et de mépris. Cette dame, par ses succès en serait-elle venue à cet excès d'aveuglement, qui fait que l'on méconnaît ce qui est éminemment beau, éminemment touchant, et l'œuvre du génie? Madame de Genlis ne voudrait-elle point se persuader qu'il y a plus de vrai talent dans la nouvelle Héloïse, que dans tous les romans de femmes? J'entends depuis ceux publiés par madame de Lafayette, jusques à ceux qui, chaque jour, nous pleuvent de l'Angleterre.

Une femme auteur attaquer Rousseau! le traiter avec mépris, et dans l'impossibilité de ravaler son beau talent, s'en prendre à ses mœurs, les noircir et rendre même suspect tout ce qu'a dit, avec les plus pures intentions, l'homme de la nature et de la vérité. Vous l'avez lu, vous lui avez dérobé mille traits, vous vous êtes nourrie de ses pensées, vous en avez renflé vos ouvrages, et vous l'attaquez ?... Sans l'Emile, dites, Genlis, eussiez-vous fait *Adèle et Théodore* ? Sans la nouvelle Héloïse qui vous a animée, échauffée, rendue féconde, eussiez-vous tant produit ?.. Auteurs ingrats, vous êtes tout comme cet enfant qui, après avoir épuisé le sein maternel, le déchirait avec colère. Les vrais génies, les *littérateurs hommes*, sont plus justes et plus équitables ; ils honorent Rousseau ; et comme ils l'ont lu avec fruit, on ne les voit point le décrier. Mais on a été institutrice, gouvernante de prince; mais on veut se donner un air de piété, une couleur dévote, et dès-lors on égratigne les philosophes. Je dis égratigner; car pour les frapper, cela n'est pas possible. Les forces manquent, et certes, cela est fâcheux, car on se sentait bien disposée. Mais voyons, qu'a-t-il fait ce Rousseau pour être tant haï ? Il a rappelé les mères à leurs devoirs; il a recommandé aux hommes l'union, l'accord, l'amour de la patrie, des lois et du souverain; il a dit à chacun de suivre la religion de ses pères; il a fait entendre d'utiles vérités ; il a mené une vie douce, égale, innocente, n'a fait de tort à personne, n'a été sur les brisées de personne, et s'est constamment rangé pour laisser passer les ambitieux, qui, peu sincères, lui criaient : vole avec nous à la fortune, aux honneurs; et lorsqu'après avoir tracé les pages immortelles de la *Julie*, celles de l'*Emile*, du *Contrat-Social*, de la *Lettre à d'Alembert sur les spectacles*, et plusieurs *Discours* sur des sujets d'un intérêt général, il meurt en sage, en philosophe chrétien, et en prononçant ces paroles si touchantes, et le vrai chant du cygne : « Ma femme, rendez-moi le service d'ouvrir la fenêtre, afin que j'aie le bonheur de voir encore une fois la verdure. Comme elle est belle ! que ce jour est pur et serein ! O que la nature est grande ! Voyez ce soleil, dont il semble que l'aspect riant m'appelle ; voyez-vous cette lumière immense ? Voilà Dieu ; oui, Dieu lui-même qui m'ouvre son sein, et qui m'invite enfin à aller goûter cette paix éternelle et inaltérable, que j'avais tant désirée. »

Il meurt, dis-je, cet homme presque divin, et l'on ose noircir sa mémoire ; on empoisonne toutes les actions d'une si belle vie. Ses écrits sont, dit-on, dangereux ; ils portent atteinte aux lois, aux mœurs, et c'est une femme auteur qui parle ainsi ; et pour se distinguer, sans doute, elle eût pu pour cela s'en tenir à son beau talent, il lui eût suffi ; mais elle a voulu se faire homme, et entrer dans l'arène ; ainsi elle s'est méconnue, s'est nui, et fera dire d'elle un jour : « Pourquoi ne voulut-elle pas s'en tenir à ses romans, puisqu'eux seuls pouvaient l'honorer ? » O regrettable Cottin ! ta gloire est pure, et l'on n'a rien à te reprocher.

Après un si sévère jugement, ajoutons ces paroles : Madame de Genlis vient de se surpasser dans sa touchante nouvelle, intitulée *Inès de Castro*. C'est le comble du pathétique. Il est fâcheux qu'un si beau sujet soit placé après une mince compilation, que l'on produit sous le titre de la *Mort de Pline l'ancien*; épisode très connu, et qui se trouve dans es Lettres de Pline le jeune. Il n'était nullement nécessaire de l'en tirer, et les personnes un peu lettrées savaient bien qu'il était là. C'est donc à tort que madame de Genlis a intitulé son dernier in-8° : *Tableaux de monsieur le comte de Forbin*. Il fallait, pour son intérêt bien entendu, qu'elle publiât en un volume in-12 sa très-touchante *Inès de Castro*, que les dames eussent placée avec un vrai plaisir, à la suite de *madame de Lavalière* et de *mademoiselle de Lafayette* ; car c'est le même faire, le même genre d'intérêt, le même point de perfection. Ce n'est certes point se montrer l'ennemi de madame de Genlis, que de lui conseiller de s'en tenir à ses romans, et d'abandonner *les compilations aux d'Avalon et aux Gassier*.

Glanures dans le champ de la morale.

Première corbeille pour les Princes.

Le mérite vaut mieux que les trônes et la fortune.

Les grandeurs sont comme les parfums ; ceux qui les portent ne les sentent presque pas.

Cyrus, Alexandre et César ont mérité l'estime et excité l'admiration de tous les siècles.

Si l'on connaissait bien les devoirs des princes, on souhaiterait moins de le devenir.

Les plus petits états ont de quoi occuper la capacité du plus grand des hommes.

Quand on n'est pas très-élevé au-dessus de sa fortune et de son rang, on ne les mérite pas.

Le monde n'a pas de quoi satisfaire un grand cœur, quand il se donnerait tout entier à lui.

L'art de se venger est peu connu.

Il faut savoir et punir et pardonner.

Les mépris vengent noblement les grands cœurs.

Quand on est faible, on ne peut, et

quand on est puissant, on ne doit plus se venger.

Le plus grand plaisir que donne l'élévation est celui de faire du bien.

Le plaisir de la vengeance n'est pas fait pour les grands cœurs; ils le dédaignent.

Les opinions fondées sur la sagesse, les sentimens justes et magnanimes, les grandes et belles actions font la gloire et la félicité des hommes; tout le reste n'est que vanité et que misère.

Il faut avoir en soi de quoi glorieusement commencer et finir sa carrière.

Il y a des occasions où les grands hommes pleurent sans se faire tort. César pleura, et ses larmes furent dignes de lui; et certes, ceux qui le soupçonnent d'en avoir donné de feintes au malheur de Pompée, connaissent mal quels devaient être les nobles sentimens qui animaient un cœur aussi grand que l'était le sien. Il est vrai qu'il est accordé à peu de personnes de prononcer sur la conduite et les actions d'un César. Cela n'est réservé qu'à celles d'une certaine trempe.

C'est être trop inhumain, que de ne vouloir rien pardonner à la faible humanité.

Les princes n'ont pas toujours la renommée qu'ils méritent; mais ils l'ont toujours grande.

La renommée est rarement juste à l'égard des grands.

La nature fait rarement des héros, et la fortune ne déclare pas tous ceux qu'elle a faits.

C'est à tort qu'on accuse César de s'être érigé en tyran, si, commander à Rome, était le plus important service qu'on pouvait alors lui rendre.

Ceux qui assassinèrent César, firent

plus de mal à Rome que ne lui en firent les triumvirats et toutes les guerres civiles.

Les grands hommes ont sur leur destin des pressentimens qui les trompent rarement.

Tout ce qu'il y a de terrible et de fatal se présente, quand on est sur le point d'exécuter un grand dessein.

César, au bord du Rubicon, raisonna juste ; il vit dans ce moment tout ce qu'il devait espérer et tout ce qu'il devait craindre. Il fallait le passer ce célèbre ruisseau ; il le fallait : la gloire et la fortune l'attendaient au-delà. C'en était fait de César, s'il eût tourné le dos : il fallait périr, ou régner.

Dioclétien eut raison de refuser l'empire qu'il avait quitté.

Il y a des royaumes qui font grands les rois ; il y a des rois qui font grands les royaumes.

On s'oppose en vain aux changemens des états et des républiques; il y a un pouvoir fatal qui les entraîne.

La vérité a tant de peine à s'approcher des princes, qu'il faut un art particulier et des efforts extraordinaires, pour lui donner accès auprès d'eux.

Il faut que les princes se disent la vérité; car c'est en vain qu'ils espèrent l'apprendre de tout autre.

Tout ce qui détruit l'estime et le respect dus aux princes leur est mortel.

Le monde est le théâtre des grands; heureux quand ils s'y distinguent.

L'art de pénétrer les hommes est rare; mais ceux qui le possèdent sont faits pour régner; pourtant il faut employer cet art avec réserve et ne pas le croire infaillible, car il ne l'est pas.

Quelque faible que soit un prince, il n'est jamais si gouverné que l'on le pense, et l'on a été très-injuste envers Louis XIII.

Quiconque est fort, est toujours assez habile.

L'unique secret pour n'être pas gouverné, est de croire peu et de faire le plus possible par soi-même.

Il faut qu'un prince rende sa personne plus redoutable que sa fortune.

Quelque grand, quelque aimable que soit un prince, il doit être persuadé que c'est à sa fortune et non pas à lui que la plupart des hommes font la cour.

Les princes doivent mêler dans leur familiarité quelque chose de si grand, qu'ils inspirent du respect; mais il faut que cela leur soit naturel.

Il y a des choses que les princes peuvent et doivent faire de leur propre mouvement, et qu'ils ne doivent pas souffrir qu'on leur conseille.

Les princes ne sont grands, qu'à proportion de leur mérite et de leur sagesse.

C'est une espèce de faute, que de ne pas avertir un prince de ce qu'il doit savoir.

Les princes faibles craignent le mérite; mais les grands princes l'estiment et s'en servent.

Quand les grands hommes sont sans emploi, c'est le malheur de l'état, et non pas le leur.

Il n'y a que l'impossibilité ou l'injustice de la demande, qui dispensent un prince d'accorder ses grâces.

Il est aussi glorieux qu'agréable, de bien connaître et de bien jouir de sa grandeur.

Il faut tout pardonner à ceux qui ont de l'esprit et le cœur grand; les âmes viles demandent plus de rigueur et de sévérité, puisqu'il n'y a nulle sûreté avec elles.

La politique doit abaisser tout ce qui s'élève trop; mais il faut le faire à tems.

Nourrir un lion dans l'état, est une faute qui ne peut se réparer, qu'en se soumettant à lui.

Les fléaux de Dieu sont faits pour être le châtiment et l'abomination des hommes.

Les princes doivent punir en prince.

La mer est l'image des grandes âmes ; quelque agitées qu'elles paraissent, leur fond est toujours tranquille.

Il n'est pas toujours possible de mépriser la médisance ; mais on doit toujours mépriser la flatterie.

Quand l'intérêt unit les princes, leur alliance est faite.

De l'éducation de la jeunesse, dépend tout le bonheur et la gloire d'un état.

L'élévation des hommes supérieurs est l'ouvrage des princes.

Quand on a donné des ordres, il faut, à tel prix que ce soit, soutenir ceux qui les ont exécutés.

Les plaisans et les bouffons, sont toujours nuisibles aux princes qui s'en laissent approcher.

On ne travaille qu'à gâter les princes depuis le moment de leur naissance jusqu'à celui de leur mort.

Le cérémonial gâte presque toutes les grandes affaires.

La discipline militaire a donné l'empire à tous ceux qui ont su la faire exécuter.

La longue paix fait tomber insensiblement les Etats dans la faiblesse et le mépris.

La trop grande quantité de places fortes consume inutilement les hommes et l'argent.

Les petites armées sont de grandes dépenses; les grandes subsistent d'elles-mêmes.

Quand on craint la guerre, on ne jouit pas long-tems de la paix.

Les princes sont puissans par leurs troupes et par leur argent ; de même aussi ils sont riches, quand leurs sujets le sont.

Les batailles donnent la gloire et les empires.

La gloire que les hommes tirent de la victoire, est moins juste qu'éclatante.

Quand Dieu donne à un homme l'esprit, le courage et la force, il lui donne le droit sur l'univers, à proportion de ses talens et de sa fortune.

Employer plus de courage que de prudence, est une maxime dont tous les grands hommes se sont bien trouvés.

Un prince doit favoriser toutes les sciences, tous les arts, et généralement tous les métiers, selon leur rang et leur utilité.

Si Alexandre, Cyrus, César se sont rendus les maîtres du monde, c'est qu'eux et leurs siècles étaient faits pour y réussir.

Cette immortalité, cette gloire qui flatte si agréablement les grands cœurs, n'est que la plus belle des chimères.

Alexandre, avec tous ses défauts, a été le plus grand des hommes.

Les caractères d'Alexandre et de César sont différens; mais ils étaient tous deux admirables.

Gouverner sagement les états, les rendre heureux par la justice, l'abondance et la paix, n'est pas une gloire moins grande que celle d'en conquérir.

Quand Dieu a fait roi un homme, c'est à celui-ci à s'efforcer continuellement de paraître digne d'un si beau sort.

On ne saurait troubler le repos du monde qu'aux dépens du sien.

Le métier de conquérant serait bien plus beau, s'il ne faisait pas tant de malheureux.

L'ingratitude d'*Auguste* envers *Cicéron* fut une chose indigne ; on peut douter si l'empire du monde méritait d'être acheté à ce prix.

Constantin-le-Grand eut tort d'immoler son fils innocent à la rage de sa femme.

Quand un prince est forcé de faire mourir quelqu'un, il faut que ce soit d'une manière si juste, que le criminel soit forcé d'avouer qu'il a mérité la mort.

Quelquefois la clémence rend les princes aussi coupables que la cruauté.

Sésostris, qui attache sept rois malheureux à son char, eût été plus grand, s'il eût, avec moins de faste, usé de sa fortune.

Constantin, *Théodore* et *Charlemagne* ont, malgré leurs fautes, bien mérité le surnom de *Grand*.

Un prince doit agir d'une manière si honnête avec tout le monde, qu'il puisse persuader que c'est se rendre heureux, que de se soumettre à lui.

Pour faire quelque chose de grand, il ne faut qu'une seule tête qui ordonne tout, et une seule bourse qui paie tout.

Les confédérations et les lignes, qui forment les armées à la mosaïque, font rarement de grandes choses.

Les grands princes sont bons ministres.

C'est la faute des princes quand ils sont mal servis, s'ils ont de quoi récompenser et punir.

Tous les grands hommes ont souffert l'ingratitude et l'injustice.

Quand le cœur n'est pas royal, on n'est jamais roi.

Il y a peu de prisonniers plus étroitement gardés que les princes.

Les épis d'or qui se trouvent dans

cette première corbeille, appartiennent à Christine, reine de Suède.

Mérante.

On ne saurait trop répéter ces beaux mots de Jean-Jacques : *la lettre tue, et l'esprit vivifie*. Pour le vulgaire, Mérante est un commis. Voyons ce qu'il est pour les hommes qui savent l'apprécier, et écarter l'extérieur trop modeste, sous lequel il leur apparaît chaque jour. Mérante a quarante-huit ans : il a le visage maigre et pâle, les cheveux plats et lisses, l'œil à moitié fermé, le maintien humble et recueilli ; son vêtement, noir de la tête aux pieds, est celui du plus simple commis : pourtant Mérante est *secrétaire particulier*, ou plutôt *intime*, d'un ministre qui, à tout moment l'appelle, et qui, au moins deux fois par semaine, l'admet au petit couvert.

Depuis le commencement de la séance bureaucratique, jusqu'à la fin, on voit les solliciteurs, puis les malheureux, les souffrans, les victimes du sort, venir demander *Mérante ;* d'abord il est invisible, mais on peut lui faire remettre le petit mot d'écrit, qu'il reçoit en effet, et lit, avec une patience toute chrétienne. *Je répondrai, je verrai, je m'en occuperai,* sont les mots qu'il adresse à son garçon de bureau, lequel vous les rend tels qu'il les a reçus. On se retire et l'on espère, car Mérante a parlé, et l'on sait ce que valent ses paroles.

Six heures sonnent, il s'éclipse, vous croyez que c'est pour s'occuper de lui ? vous vous trompez, c'est pour s'occuper des solliciteurs et des malheureux, devenus ses clients, du moment où ils se sont fait connaître à lui. Il va, vient pour eux, les portes des grands s'ouvrent à son aspect ; son nom est un talisman vainqueur ; sa présence est celle d'un demi-dieu que l'on révère malgré soi. Bureaux de tabac, bureaux de loterie, perceptions, sont demandés par lui et obtenus ; nombre de personnes sont placées ; leurs cautionnemens qu'elles n'avaient pas, sont fournis comme par miracle. Mérante qui dans un jour, vient de faire ainsi plusieurs heureux, Mérante, fatigué, accablé, exténué, couvert de sueur, de boue, ou de poussière, selon le tems : rentre chez lui pour manger sa petite soupe maigre, son petit plat de lentilles, ou sa limande, qu'il humecte de deux ou trois verres d'eau pure.

C'est peu : en faisant ce repas maigre, il décachète six à huit lettres, que des solliciteurs ont déposées à sa porte; ainsi la vie de cet homme extraordinaire est une continuation de bienfaits, aux quels se joignent des devoirs pieux, des soins délicats, et enfin, mille et mille de ces traits à la Fénélon, qui sont comme les ornemens d'une vie toute chrétienne, toute sainte, et toute admirable ; ajoutons que Mérante est garçon, qu'il a appelé près de lui ses neveux et ses nièces, et qu'il met sa joie à les voir prospérer En est-ce assez ? faut-il dire que des aumônes, de dons secrets, des... Non, Mérante est connu, et l'on convient que c'est un des hommes vraiment vertueux, qui honorent ce siècle lequel en vaut bien un autre, quoiqu'en puissent dire les pésimistes.

Sotinplace.

Son père, ancien domestique, puis garçon de bureau, s'est avisé n'ayant qu'un fils, de le *pousser*, de le produire, et si bien que maintenant Sotenplace est commis en titre ; si vous croyez qu'il est très-content de l'être, vous vous trompez. Il aspire à mieux que cela, puis il a un crève-cœur, un ver rongeur. Son père vit, et est encore garçon de bureau : hors, tant que le bon-homme n'aura pas disparu d'ici bas, tant qu'on l'y verra avec la livrée d'aministration, tant qu'il y répondra à la sonnette, point de pure joie pour Sotenplace, qui se croit un génie, et qui bien apprécié n'a pour tout mérite, qu'une belle main, qui le condamne aux expéditions, et une vanité folle, qui ne cessera plus d'exercer sur lui son empire, et qui ainsi le rendra à jamais malheureux. Pères et mères, étudiez bien le caractère de vos enfans, avant de songer à les élever au-dessus de vous ; ce que l'on appelle *éducation*, ne convient pas à tous les esprits ; il est des terrains ingrats, réservés aux ronces et aux chardons ; c'est gagner que les laisser en friche.

―――――

Apparition d'une gravure.

Celle de M. de Chateaubriand vient de me racommoder avec lui, en la voyant je me suis écrié, la belle tête ! les beaux traits ! j'aime cet air méditatif, il y a là inspiration et génie ! j'en voulois à *Attala*, aux *Martyrs*, aux *génie du christianisme*, où tout est rapporté à la religion, et rien qu'à la religion, où les riantes fables de nos grecs chéris, sont dépréciées et ridiculisées : enfin, j'en voulois comme je le dis à M. de Chateaubriand ; maintenant que je l'ai vu face à face, que je lui ai parlé, que son regard m'a révélé les secrets de son âme ; que ses beaux traits m'ont ému, que son air triste et mélancolique, m'a touché, je n'ai plus songé qu'à chérir à révérer un tel homme, en le suppliant toutefois de se tourmenter moins, et de croire qu'il y a en france vingt millions de bons français comme lui, qui sont prêts à lui disputer, non la plume à la main, mais la main sur le cœur, l'honorable titre de *purs*.

―――――

Gazette de France.

Elle est un peu dédaigneuse, la dite gazette. Si l'on se présente chez elle, avec un air uni, si l'on ne lui jette pas d'abord au nez un grand nom, bien sonnant, bien littéraire; elle ricanne, vous accorde une petite promesse, vous congédie et vous oublie, ce qui veut dire qu'elle vous méprise, cela n'est pas charitable; ce qui aussi ne l'est guères, c'est de se refuser à analyser un ouvrage, et de ne le citer que pour le déprécier, et cela en trois mots bien décisifs: par exemple le *journal de Paris* aura dit. « Nous croyons pouvoir recommander à nos lecteurs cette nouvelle production de monsieur tel, il excite l'intérêt, le style en est simple et naturel, sans être dénué de chaleur et de mouvement » (20 février 1817.) La *gazette* s'emparera de cette même production, et dira « nous n'avons jamais rien lu de plus insignifiant, c'est un livre qui n'apprends rien et qui ne fera que surcharger les tablettes de nos libraires. » (16 mars 1817.) Eh ! messieurs les dispensateurs de la gloriole littéraire, messieurs les aristarques momodernes, un peu d'humanité, et songez que tel que vous croyez décourager à force d'humiliation, peut au contraire tirer d'elle-même, ou du dépit qu'elle excite en lui, une généreuse ardeur qui le rendra propre aux agressions, aux attaques, et fera d'un être jusques là humble et doux, un athlète hardi, et toujours armé de gantelets redoutables qu'il aura su vous dérober.

Institut de France.

Ils sont là, ils y tiennent séances, je les connais presque tous, et pourtant je n'ose pas entrer, à quoi cela tient-il ? au billet ? en le demandant je l'obtiendrais ; mais cela ne me suffirait pas encore, il faudrait être assez maître de moi pour pouvoir me montrer sans danger dans les fastueuses tribunes de l'est, ou de l'ouest. Je dis sans danger ; car je pourrais m'y croire au spectacle, et comme tel, libre de siffler ou de crier bravo.

Je voudrais être académicien un jour, ou une semaine au plus, pour voir comment on en use entre confrère ; si l'on salue profondément, ou lègerement, si l'on se serre ou si l'on se touche seulement la main, s'il se forme des groupes d'anciens, des groupes de nouveaux, si celui-ci joue le profond, celui-là, l'inspiré, celui-ci le jovial, cet autre l'aisé, ou si tout y est franc, naturel, ouvert; si tant de beaux génies se mêlent, se confondent et ne font qu'un ; c'est ainsi du moins que je me les représente ; si les habitudes des comédiens deviennent celles de presque tous les membres de la société humaine, s'il n'y a plus ici bas, de véritable franchise, si les politesses affectées, les manières *maniérées*, le sourire des lèvres, les courbettes, les démonstrations en tout genre, ne sont plus que des jeux de scène, il appartient sans doute à des hommes choisis, entre tous les autres, et l'élite non-seulement des beaux esprits, mais des gé‑ nies créateurs, de vivre entre eux comme y vivaient les Socrate, les Platon, les Xénophon, les Aristote et les Pythagore; oui c'est ainsi que je me représente nos académiciens; et l'on ne saurait sans les offenser, penser autrement des Millin, des Legendre, des Cassini, des Jussieu, des Raynouard, des Lacretelle, des Volney et des de Jouy; des Picard, et des Étienne.

Mais, je le dirai, non d'après moi, mais d'après Jean-Jacques, que je ne me lasse point de citer, parce qu'il ne se lasse point de m'instruire, qu'il y aura toujours plus à gagner avec chaque académicien, pris en particulier, que lorsqu'ils sont tous réunis, et tiennent séance. Passons donc devant le palais des sciences et des arts; et arrêtons-nous devant celui du plus chéri des dieux.

Hôtel des Monnaies.

J'y suis entré récemment sans y rien

désirer, sans y éprouver aucun trouble, sans y être agité par aucune idée cupide; on m'a demandé si je voulais voir les minéraux, les *Médailles*, les *Jettons*, les *pièces de plaisir;* les ateliers. etc etc. A tout cela, j'ai répondu non ; je n'étais pas dans mon jour de curiosité, les minéraux, j'en connais de cinq ou six sortes, et c'est assez pour moi des médailles, elles sont en trop grand nombre, et la véridique histoire, à commencer par celle de Mézerai, beaucoup trop dédaignée de nos jours, m'en dira plus que le plus riche médailler; des jettons, je les ai en horreur, ils ne sont bons qu'à prouver le mauvais emploi que l'homme fait du tems ; des *pièces de plaisir*, celle qui m'ouvre la porte du parterre de la comédie Française, le jour d'une représentation du *Tartufe* ou des *Horaces*, est ma véritable *pièce de plaisir;* il en est de même aussi pour moi, de celle qui nouvellement frappée, m'offre les traits d'un roi sage et pieux, d'un roi très-chrétien.

Quant aux objets d'apparats, aux colifichets monnoyés, tout cela ne saurait intéresser que bien faiblement un Hermite du Marais, qui s'en tient à son inscription, et qui, ayant toute confiance sur le paiement des sémestres, ne s'enquête point du nombre de pièces que l'on frappe à l'hôtel des Monnaies; que lui importe que le pactole coule avec abondance, quand il ne lui faut, pour étancher sa soif, qu'un peu d'eau du premier ruisseau, ou de la moindre source.

Un jeune graveur, d'un rare talent, et rival des Tiolier; à tout récemment remporté le *prix de gravure, pour la pièce de 5 francs*; il a obtenu l'honneur, que sans doute on n'a pu lui ravir, de mettre son nom au bas de l'effigie du prince, dont il a si bien saisi la ressemblance, et reproduit les traits. Ce jeune homme, direz-vous, est actuellement à l'hôtel des Monnaies, il y excerce ses rares talens?... Non, Français, il a quitté la France, il est en Hollande; on a donc été injuste en vers lui, la jalousie est donc parvenue à lui ravir le fruit de ses traveaux? Je ne dis pas cela, seulement, je répète, le jeune Michaud est en Hollande.

Pierre Didot.

Voilà un véritable artiste, le digne rival non seulement des Schoëffer, des Furst, des Guthemberg, des Hérhan; mais aussi celui des Étiennes, des Brottier et des l'Allemand. Adopter une science, un art, et s'y livrer avec ardeur, est le seul moyen de se distinguer et de se faire un nom. Qu'elles sont belles ces éditions de luxe, que je vois sortir de dessous les presses de Pierre Didot ! quels progrès un tel homme a fait faire à l'art typographique ! quel ordre règne dans ce beau magasin, où je me présente quelquefois; mais toujours avec une sorte de respect, de vénération, car, que ne disent-elles pas à mon imagination ces tablettes surchargées des œuvres d'un Corneille, d'un Racine, d'un Boileau, et celles d'un Voltaire et d'un Jean-Jacques !

Pour mes vingt sous, j'ai un volume qui contient cinq ou six tragédies : là, point de vers rompus, point de fautes; un texte bien pur, bien correct, et précédé de petites vies abrégées et bien faites. La stéréotypie avait baissé; Pierre Didot, s'était non négligé, mais il avait souffert qu'on employât du papier trop commun, pour mes chers petits volumes; on lui en a fait des reproches, et il y a eu égard, le papier est plus beau, et la monnaie courante de lettrés pauvres, est de meilleur alloi. Combien de gens sont moins dociles que le célèbre typographe, et repoussent les avis, même ceux qui leur sont donnés dans les meilleurs intentions. Honneur aux anciennes, aux bonnes maisons de commerce ; elles sont non-seulement la gloire de l'état, mais son soutien. Honneur aux véritables artistes, qui voyent la réputation avant les bénéfices, et les progrès de l'art bien plutôt que ce qu'il promet d'aisance et de fortune. Honneur au bel art de l'imprimerie, honneur aux Didot !...

———

Victoires, Conquêtes, Désastres, Revers et Guerres civiles des Français, de 1792 à 1815.

Tel est le titre, très-beau sans doute, d'un ouvrage qui se publie chez Pankoucke, libraire-éditeur, rue Serpente ;

je viens d'en lire l'introduction, bien française, bien nationale, et de l'idéal le plus beau, le plus riche en couleurs.

Quand Diderot, ce grand architecte de l'Encyclopédie, jeta en avant son admirable *Tableau des Connaissances humaines*, qui est bien le portique du temple des sciences et des arts, il ne garda point l'incognito. Pourquoi le trop modeste auteur de l'introduction n'a-t-il pas mis son nom au bas de la dernière page ? Est-ce parce que cette introduction est forte de choses, riche d'expression et d'une étonnante variété de stile. Eh! nommez-vous, hommes de génie, et laissez à l'écrivain vulgaire, le rôle de faux modeste.

Cet ouvrage doit avoir un vrai succès, il le mérite. Si l'esprit français, qui l'a entrepris, qui s'y montre dès les premières pages, ne se dément point et est tel encore aux dernières, et si enfin l'éditeur Panckouke, tient toujours à sa réputation, fondée sur des entreprises qu'on lui a vu constamment ammener à bien, et pour la plus grande gloire des lettres.

Trop peu fortuné pour acheter les 15 à 20 volumes de *Conquétes et Victoires*, je me permettrai du moins de les louer dans quelque cabinet de lecture, et de les lire à mes fils, à qui, par moment, je dirai et pour tout commentaire : aimez, chérissez votre belle patrie, conduisez vous de manière à pouvoir bientôt vous glorifier du beau nom de français; il équivaut à plus d'un titre, dont certains personnages sont très-vains. Français du dix-neuvième siècle, cela dit tout autant que romain des plus beaux jours de la république, et de ceux des règnes glorieux d'Auguste, de Trajan et de Nerva.

Boutade.

Le désir de faire passer som non à la postérité, a produit tout ce qu'il y a de grand, de beau, de bon ici bas; il a aussi fait commettre les plus grands crimes et les plus grands excès. Ce fut lui qui guida la main incendiaire d'E- rostrate, et les pas dévastateurs d'un Alexandre, d'un Annibal et d'un César; il a surtout contribué à remplir les bi- bliothèques de livres bons et mauvais, utiles ou dangereux, les histoires sans nombre, même de village et d'Abbayes, les Mille et un Mémoires secrets, par- ticuliers, plaisans, insignifians, fasti- dieux, comme ceux du Marquis d'An- geau, ce qui n'est pas peu dire.

C'est lui qui a inspiré les vers de tout rythme, de toutes mesures, les romans moraux, ou scandaleux; c'est à lui que l'on doit et très-heureusement l'*Illiade*, l'*Odissée*, l'*Enéide*, la *Pharsale*, la *Lusiade*, la *Jérusalem* et la *Henriade*, puis malheureusement la *Pucelle* du bien renté Chapelain, celle du bien gâté Voltaire, puis heureusement les belles scènes du *Cid*, celles des *Horaces*, de *Polyeucte*, de *Rodogune*, d'*Iphigénie*, de *Phèdre* et de *Britannicus*, de *Mérope*, de *Zaïre*, de *Mahomet*, du *Tartufe*, du *Misantrope*, du *Glorieux*, du *Méchant*, de la *Métromanie*, du *Tartufe des Mœurs*, des *deux Gendres*, du *Médisant et de la Manie des grandeurs*.

Puis malheureusement les drames, les mélodrames, les farces de tréteaux; enfin il a tout fait pour le mieux et pour le pire : on lui doit tout ; on ne lui doit rien. O funeste désir ! heureux celui qui n'est point tourmenté par toi ! mais malheureux mille fois celui qui, venu si tard, cède pourtant à l'attrait de tes trop séduisantes et trop décevantes promesses; car enfin, que va-t-il faire, que va-t-il tenter? entreprendre dans ce siècle trop éclairé, trop dédaigneux, se fera-t-il architecte? les maçons sont en possession de cet art, eux seuls l'équerre et le compas à la main, élevent des monumens et se donnent des maisons. Ce sont les Jérômes pointus du jour, tout est à eux. Se fera-t-il peintre? il aura pour perspective de succès et de fortune, d'abord les devantures, les enseignes et la restauration des vieux tableaux à tant la pièce, ou à la journée; graveur, il fera des cachets d'étalage, depuis A jusqu'à Z. Nouveau calcographe, il travaillera du matin au soir, et enverra ses épreuves sur les quais pour y être criées, à deux et à quatre sous. Sculpteur, il dépendra d'un entrepreneur titré qui l'emploira sous la condition expresse que renonçant à toute gloire, il se contentera d'un salaire plus ou moins fort, et que la statue livrée, il se gardera bien de s'en dire l'auteur. Musicien, il postulera dix ans, avant d'obtenir un petit coin dans un orchestre de théâtre de boulevard, et vivotera dans les guinguettes, où chaque dimanche il ira faire danser le *bon et grand peuple*, et cela sous la direction d'un maître de danse, entrepreneur, et fournisseur, sorte de personnage qui donne le ton et les airs, distribue les cachets, et s'enfuit le soir avec la recette.

Poëte, il fera une tragédie, la présentera à messieurs les comédiens ordinaires, qui la recevront et l'enfouiront dans leur magasin, promettant de la faire *passer* au plutôt, c'est-à-dire dans huit ou dix ans. Il fera un roman, et ira le porter à messieurs les libraires qui lui offriront de l'imprimer à son compte, il s'y refusera, voudra vendre son manuscrit, et ces messieurs lui donneront le jour même de la mise en vente, six ou huit exemplaires de son ouvrage qui, tiré à cinq cent, mettra un millier d'écus dans leur caisse.

Il voudra se jetter dans la haute littérature, pour y recueillir d'honorables succès, et ne fera que perdre son temps, puisqu'il est très-vrai que les *ouvrages*, dit *d'agréments,* sont les seuls que l'on daigne parcourir ; les écrits bien pensés, mais de longue haleine, ne se lisent plus, si ce n'est le titre, puis on les jette là ; leurs préfaces même ennuient, la morale effraye, la philosophie ancienne est renvoyée aux lieux où elle prit naissance, et où bien certainement elle est ignorée ; la moderne n'est plus de mode, bien plus, elle est conspuée : on lui attribue tous les malheurs de notre révolution. Enfin, comme on sait tout dans ce 19°. siècle, que l'on y naît tout dru, tout instruit, tout formé, tout éclairé, on n'étudie plus, chacun se croit le seul sage, le seul vrai philosophe, il n'y a si grand fou qui ne tranche du Caton, si jeune Lycéen qui ne se croye un Rollin, si mince artisan qui ne joue l'homme d'importance, un courteau de boutique juge Corneille et Molière, un vieux cuistre ose se montrer dans la belle allée des Tuilleries, ou sur le boulevard de Gand, un domestique de la chaussée d'Antin, se dépouille de sa livrée, endosse un *habit habillé*, dont son maître lui a fait présent et croit pouvoir se produire hardiment dans un des salons du Marais, mais dès les premiers mots qu'il y prononce, il y est reconnu pour ce qu'il est, sa mise en imposait, son langage le décèle, et le fait exclure.

Un portier du fond de sa loge enfumée et empuantie, dispose des états, régente les souverains, dirige ou critique les ministres, nomme des maréchaux, dresse des plans de campagne, gagne des batailles, prend des provinces et des villes, s'endort au milieu de ses rêveries, et laisse voler son maître: ainsi va le monde. La folie, l'orgueil, l'ambition, l'égoisme sont à leur comble, et les hommes n'ont jamais été si éclairés ni si méchants. Les richesses, les grandeurs seules peuvent les occuper, la vertu ne les touche plus, au mot seul, ils sourient de pitié.

Socrate et Diogène, reparoîtraient au milieu de nous ou des grecs, ce qui est la même chose, que le premier boirait encore sa tasse de ciguë, mais sans intéresser personne à son sort ; pour le second il serait conduit à Bicêtre avec son tonneau, où il trouverait force confrères qui sans lui tenir compte de son génie, le traiteraient d'égal à égal. Enfin il n'a jamais été si difficile de faire parler de soi que dans ce siècle, et jamais pourtant on n'a été plus tourmenté de ce désir vraiment tyrannique; c'est une frénésie, une rage! heureux lorsque le langage de la raison peut se faire entendre et convertir quelque bon et honnête jeune homme, tel que celui dont je vais raconter la petite, mais utile, mais intéressante histoire, et que je n'ai point prise dans une grande, à l'exemple de certains messieurs dont les redoutables ciseaux vont coupant ça et là, le tout au profit de la bonne jeunesse qui aime fort à faire ses études en abrégé; d'où il s'en suivra sans doute, que les siècles à venir n'auront plus que des abrégés de grands hommes ; c'est-à-dire de petits magistrats, de petits guerriers, de petits savans, de petits peuples, de petits mondes, et toujours en décroissant, pour arriver à cette fin tant prônée, tant annoncée, et qui enfin doit venir et finir par les infiniment petits.

Le Galetas.

Monsieur Rondon, qui occupe un second, rue de la Perle, venait de perdre sa vielle gouvernante; qui ne l'avait pas gouverné, il visitait le taudis que cette vénérable fille avait laissé vide au quatrième étage, il y installait une petite villageoise âgé de 17 ans, qu'il voulait former au service, et aux bonnes mœurs. Pendant les allées et venues, que cet événement nécessitait, monsieur Rondon entendit quelques gémissemens, ils partaient d'un galetas voisin de celui qu'avait habité la vielle. La clef était sur la porte, monsieur Rondon s'enhardit par motif d'humanité, il ouvrit, entra, et vit assis devant une table couverte de papiers et de livres, un jeune homme que la misère, et son affreux cortège, réduisait au désespoir.

L'homme dans le malheur est toujours disposé à l'épanchement. Après quelques questions et offres de services qui lui furent faites, l'infortuné sans trop hésiter, répliqua en ces termes:

« Ah! monsieur, je suis désespéré, je ne réussis à rien, apprenez tous mes malheurs; né dans la classe des marchands, mes parens me destinèrent à leur succéder dans leur état. Jusqu'à l'âge de douze ans je me montrai docile à leur volonté. Un parent indiscret parut à la maison, et il fit entendre ces paroles. » Eh! quoi, ne pousserez-vous pas cet enfant? n'en voulez-vous faire qu'un courtaud de boutique? Je veux, répliqua mon père, qu'il soit comme moi, honnête marchand et rien de plus. La belle perspective! poussez cet enfant, il a une physionomie qui promet de l'esprit et même du génie; mettez-lui entre les mains non la *tenue des livres*, non le *Parfait Négociant*, mais *Virgile*, *Horace*, *Boileau*, *Voltaire* et *Rousseau*.

Je ne lui mettrai rien de tout cela entre les mains, et vous avez très grand tort de parler ainsi. « Mon père allait poursuivre, et même avec aigreur, lorsque ma mère fit prendre à la conversation un tout autre tour; elle me chargea d'une commission, et lorsqu'après m'en être acquitté, je rentrai à la maison, je n'y trouvai plus le parent. Mon père encore en colère, me commanda un peu brusquement, de m'occuper de certains détails relatifs à mon état, et le calme parut rétabli. Ma mère avait peu parlé, mais le discours du parent avait fait impression sur son esprit. Elle acheta en secret les ouvrages qui avaient été nommés si indiscrètement, et me les remit pendant l'absence de mon père; je la remerciai,

G

l'embrassai, la nommai ma bonne, ma tendre mère, et je lui promis de consacrer à la lecture de ces auteurs, tous les instans dont il me serait possible de disposer. »

« Je me livrai donc à l'étude, et si bien que je ne vis plus qu'elle. Les travaux de la maison étaient négligés, les livres mal tenus; mon père, frappé d'un tel changement, en reconnut la cause; il s'emporte me frappa, et tança ma mère en même tems qu'il écrivait au parent une certaine lettre qui dut peu lui plaire. Cependant mon goût contraint, devint fureur; je pris en aversion le commerce, et après avoir éprouvé encore quelques contrariétés, je m'éloignai de la maison paternelle, pour venir habiter le galetas dans lequel vous me voyez, monsieur: j'y ai donné l'essor à mes folles idées; j'y ai composé une comédie, qui, présentée à l'Odéon, m'a été rendue avec une petite note qui m'a causé bien du dépit, mais pas assez pour me guérir de ma métromanie. »

« Un poëme a suivi ; je l'ai présenté à plusieurs libraires qui me l'ont rendu, les uns en me riant au nez, les autres en me disant tout franchement : La poésie ne va pas, même la bonne, la vôtre est faible, et vous ferez bien d'écrire en prose. Ce conseil m'offrait en quelque sorte une consolation que je n'avais garde de repousser. J'ai fait un roman en quatre volumes ; il m'a valu un déjeuner chez le libraire, quelques livres, et dans chacun des principaux journaux, un article bien décourageant. C'est ainsi que mes espérances folles se sont vues trompées, mais trop tard. J'espérais acquérir avec une existence heureuse, une sorte de réputation et enfin un peu de gloire, et je n'ai recueilli que de la honte, et surtout des regrets causés par mon indifférence coupable pour mes chers parens, qui sans doute me maudissent chaque jour. »

« Quoi ! depuis votre disparition de la maison paternelle, vous ne leur avez pas écrit, vous ne les avez pas instruits sur votre sort ? — Non, monsieur. — Malheureux jeune homme, vous êtes bien coupable : Virgile et Horace furent bons fils, vous les avez lus, et vous êtes demeuré dans l'indifférence pour vos proches ? — Hélas ! — Vous avez lu Rousseau, et en quittant la lecture de ses immortels écrits, vous n'avez pas revolé vers votre mère ? — Hélas ! — Jeune homme, jeune homme, vous n'avez point ce qu'il faut pour écrire, vous n'avez point d'entrailles, point d'âme ! — Monsieur... — Jeune insensé, et vous avez cédé à l'attrait des lettres, vous ?.. — Monsieur, de grâce, épargnez-moi. — Ignorez-vous qu'elles ne doivent être cultivées que par peu de personnes, et que pour quelques mortels favorisés, qui s'honorent par elles. Il est des milliers d'hommes vulgaires qu'elles repoussent et condamnent au malheur; delà tant de larmes versées dans les familles, tant d'établissemens manqués, tant d'hommes inutiles et même dangereux, tant de basses jalousies, d'obscures intrigues, tant de misères, de surcharge pour les hospices, pour l'hopital des fous, et de cadavres pour la Morgue.

Croyez-moi, jeune homme, croyez-en le sincère Rondon; brûlez au plustôt ces ouvrages éphémères, fruit de l'inexpérience et d'une imagination en délire; sortez de ce réduit trop indigne de vous, et retournez au sein de votre famille, pour y oublier jusques au nom de cette gloire, dont vous vous êtes fait une si fausse et si trompeuse idée. »

« La gloire, vous avez pu la croire le partage du poète, du littérateur, du romancier; détrompez-vous: elle n'appartient qu'aux Socrate, aux Caton, aux Épaminondas, aux Thémistocle, aux Licurgue et aux Solon, à ces hommes qui ont servi leur patrie, l'ont illustrée par d'éminentes vertus, et l'ont agrandie par leur courage et leur vaillance, en même tems qu'ils y ont fait régner et les lois et les mœurs. Voilà les hommes auxquels la gloire est réservée; quant aux autres, ils peuvent plaire par leurs talens, par la vivacité de leur imagination, et mériter quelque estime; mais leurs travaux ne sont pas assez indispensablement utiles, pour leur mériter ce que l'on appele la véritable gloire. De grands exemples, de bonnes actions, seront toujours plus utiles aux peuples que les plus beaux livres de morale, quelque ornés, quelque brillans, quelque parfaits qu'ils soient ; car enfin le peuple lit peu, et lit mal ; les grands pour la plupart refusent de s'instruire véritablement, et cela par une forte présomption d'eux-mêmes ; ainsi le sort de presque tous les livres, sans en excepter ceux que l'on daigne critiquer, ce qui est toujours honorable même quand la critique est injuste, est donc d'occuper quelques instans les oisifs des grandes villes, et d'aller ensuite prendre place dans les bibliothèques, où bientôt ils sont oubliés et regardés comme faisant partie du mobilier. »

Parlerai-je après cela, de ce que l'on appelle, littérature du second ordre, de ces mille et un ouvrages objet du moment ? parlerai-je de ces masses de brochures dont le public est inondé, de ces bleuettes dialoguées qui auront quelques représentations, de ces drames moroses qui vous arrachent quelques larmes stériles, ou de ces petites intrigues en chansons, désignées sous le nom de vaudevilles, destinées à faire rire quelques centaines de personnes, et à être oubliées aussitôt par elles ? Que prouvent tous ces ouvrages, qu'attestent-ils? la folie et l'inconstance des hommes. Ils prouvent que nul n'est content de son sort, ni de son état; qu'une funeste inquiétude nous tourmente sans relâche, qu'un mal moral est en dedans de nous, et que, pour nous en distraire, des charlatans de toutes espèces, inventent des remèdes qu'ils nous vantent le plus possible, et dont nous faisons usage parce que nous ne savons pas nous guérir nous mêmes, extirper nos vices et nous suffire avec les bienfaits de Dieu ; c'est à dire les productions de la nature, et toutes les douceurs qui se trouvent réunies dans une vie retirée et vraiment patriarcale, la seule qui puisse rendre sain et heureux l'homme formé pour elle, et qui lorsqu'il l'a fui s'en repend tôt ou tard.

Après ce tableau qui n'est point chargé, j'ose vous demander de quoi vos savans, vos littérateurs et vos artistes, peuvent être si fiers ? un tel sait le grec, direz-vous, il a traduit Homère et Thucydide : que gagnera à cela le peuple, et enfin la patrie ? ce savant traduira, expliquera, commentera, fera un livre, qui sera peu lu, et ce sera encore le prince, ou la patrie, ce qui est la même chose, selon moi, qui nourrira monsieur le savant, tandis que le dernier revendeur ou colporteur, se suffit à lui-même, et paye patente. Un peintre fera un tableau, qui, au Musée, couvrira six pieds de muraille : voilà un homme tout fier, et tout aussitôt pensionnés et décoré, et encore par la patrie ou le roi;

cependant l'exemple de ce véritable, artiste fera éclore mille barbouilleurs, qui, désireux de la pension et de la décoration, voudront s'évertuer Alors force ébauches, force tableaux blafards, force croûtes paroîtront de tous côtés ; des enfans de familles désespéreront leurs parens, et quitteront le comptoir ou l'atelier pour aller, le carton sous le bras, singer le véritable artiste : et végéter en rêvant à la gloire; car on ne la perd pas de vue, même en s'avilissant.

Puis viendra le poète, qui, séduit par les sesterces, que Virgile reçut d'Auguste par la douce et agréable vie qu'Horace menoit à Tibur, par le ton familier que Louis XIV daignoit prendre avec ses poètes favoris, Boileau, Molière, Racine; tout, cela dis-je, et mille autres exemples non moins dangereux, condamneront à rimer, ce jeune étudiant en droit, qui, après avoir trompé les espérances de son bon et tendre père, après en avoir été abandonné, s'enfermera comme vous dans un misérable galetas, et y versifiera sans relâche; on le verra végéter, ou réussir peut-être, et ce sera le pis ; car dès lors il ne se possédera plus, il entassera les épîtres, les poëmes ; il aura son recueil, son école, et perdra d'autres jeunes gens qui, à son exemple, se disposeront à augmenter le nombre des hommes inutiles, des sang-sues à figures humaines : poëtes parasites, petits lettrés, petits beaux esprits à prétentions, je vous en demande bien excuse, mais vous êtes les sang-sues du riche. Si sa santé et sa bourse s'en trouvent bien, je m'en réjouis pour vous, et vous permets de rire à mes dépens, ce que sans doute vous ne vous refuserer pas, et ce qui peut-être me fera rire à mon tour, »

Abordons d'autres personnes : On aura applaudi une comédie en trois actes et en vers, comme le *Médisant*, par exemple; tout Paris aura été voir un fameux mélodrame, ou un joli vaudeville, celui intitulé *Monsieur Sans-Géne*, ou *le Solliciteur*, dès lors voilà mille jeunes gens qui prennent la plume, et font comédies, vaudevilles et mélodrames, c'est-à-dire que voilà des états manqués, des études négligées, des travaux interrompus, et toujours des parens qui se plaignent, se lamentent, veillissent et meurent, avant le tems marqué par la nature. Enfans indociles, et fougueux! vous êtes, et je vous le dis hautement, vous êtes les assassins, les bourreaux de vos parens ».

» J'en ai trop dit, peut-être, ô jeune homme; pourtant, si vous ne présumez pas trop de vous-même, si l'orgueil et la sotte vanité ne vous trompent point, jusqu'à vous rendre insensibles à mes discours ; si vous avez un peu de confiance en un homme simple, et qui vous a parlé avec franchise, vous sortirez au plus tôt d'ici, vous irez revoir votre famille ; repentant et désabusé, vous tomberez aux pieds de ces bons parens qui avoient mis en vous tout leur espoir, et qui en ce moment sans doute, gémissent et pleurent sur votre sort. Revoir une mère, voir couler ses larmes, se sentir pressé entre ses bras ! consoler un père, lui prouver que l'on a reconnu la sagesse de ses avis, de ses conseils, jeune homme, jeune homme ! il n'y a rien au dessus de cela, et si la gloire peut procurer de plus douces et de plus pures jouissances, j'applaudis à l'enthousiasme que tant de personnes montrent pour elles; je cesse même de rire de ceux que son ombre et séduit et captive. »

Que dire de plus ? le jeune homme brûla ses manuscrits ; il remit ses livres à Rondon qui promit de les lui garder, et de ne les lui rendre qu'après une entière conversion, et lorsque sans plus désirer être un génie, il se bornerait à admirer ceux qui en ont fait preuve, et qui par là ont su mériter, non ce que l'on appelle la gloire, mais une grande et belle réputation.

Art de se passer de place, par un homme qui a perdu la sienne.

Voilà l'art nécessaire, bien plus que celui de solliciter avec adresse et succès. Eh ! messieurs les hommes d'esprit, ne donnez point d'armes à des furieux, Rousseau vous le défend ; pourquoi enseigner *l'art d'obtenir des places*, il n'est que trop connu, trop cultivé ; voyez vous ces *essaims* d'hommes lâches, sans énergie, sans bonne volonté; ils pourraient travailler à quelque pénible état, ils ont de bons bras, une large carrure, la poitrine velue, il ne leur manque que *le bon et l'honnête vouloir* qui rend l'homme utile; mais on leur dit qu'il y a dans les administrations des places douces que l'on remplit en s'asseyant, dont les émolumens sont forts. Dès lors on se met sur les rangs et l'on postule, c'est-à-dire que l'on joue le plus insupportable, le plus avilissant de tous les rôles, celui de *solliciteur*. On sort dès le matin, après avoir composé maintien et figure; l'on se remontre, et l'on obtient non la place désirée, mais mots briefs, rebufades, ou fausses promesses, et leurres de dupes; on avait quelques épargnes, on les mange, ou ce qui est pis, on emprunte, en promettant de rembourser lorsqu'on sera placé. Cependant les jours s'écoulent, on s'endette, on se démoralise; les courbettes, les supplications ne coûtent plus rien à l'âme, qui a perdu le peu qui lui restait de fierté et d'ernergie; le regard est devenu humble, la physionomie a pris un air chagrin, le dos s'est voûté, la démarche, l'allure ont également changé, et cet homme qui, selon l'expression de Buffon, foulait la terre et regardait les cieux, n'est plus qu'un être abâtardi, dont l'unique ressource est dans la pitié qu'il songe à exciter. Tel est le sort réservé à la presque totalité des solliciteurs, dont on veut faire des personnages plaisans, mais qui, bien loin de pouvoir être tels, neseront jamais que tristes et désolans.

Les hommes, vraiment hommes, les voyez-vous ainsi s'avilir; se montrer dans les antichambres des grands, s'y asseoir, y stationner? Non, ils demandent à être annoncés, à parler; si cela est refusé, s'il y a obstacle, ils se retirent, sans même laisser voir le moindre signe de mécontentement; ce sont pourtant les seuls hommes qui serviraient utilement l'État, qui en effet, ne les laisse pas long-tems sans emploi.

Ce sont eux aussi qui, lorsque l'intrigue ou la basse adulation liguées contre eux, les supplantent, prennent tout à coup la résolution de se suffire, de vivre en travaillant *sub dio*, s'il le faut, et de se passer de place.

Se passer de place ! Que cela est beau, glorieux, utile ! Se suffire sans protecteurs, sans patrons, sans mécène; prouver aux hommes que l'on est quelque chose par soi-même, qu'on a des ressources contre l'adversité. Quelle gloire ! Ma place m'échappe, mais je me reste; j'ai des bras, un état, un talent, et plus que cela, un grand amour pour la vie retirée, champêtre et patriarcale; on me hait à la ville, on m'y poursuit, on s'y acharne contre moi. Je retourne dans la chaumière de mes pères, et nouveau, Cincinnatus, je me livre à des travaux auxquels je ne fus jamais étranger, on me voit les exercer avec un doux contentement; et en me disant comme l'illustre genevois : *Heureux celui qui n'a pas besoin de mettre les bras d'un autre au bout des siens, pour faire sa volonté !*

J. J. Rousseau, Émile.

Vous riez, aimables citadins, hommes abâtardis, hommes parés, brillans, épinglés comme des femmes, vous que l'on voit occupés sérieusement de la coupe d'un habit; vous qui en marchant vous carrez, vous pavanez, et regardez si la cire de vos bottes est bien luisante, si la boue ou la poussière ? n'en a par terni l'éclat. Vous riez surtout, vous, jeunes gens, qui ne regardez qu'avec mépris un artisan en serpilière et en tablier de peau. Vous, qui, la badine à la main, vous montrez dans toutes les promenades, et surchargez vos parens du poids de vos folles dépenses; vous vous croyez d'importans personnages, tandis qu'il est très-certain que vous n'êtes rien; que c'est cet artisan qui est quelque chose, et un véritable membre de la société humaine.

A la preuve, que vous veniez à perdre vos trop bons parens, qu'ils vous laissent sans biens, et tout à coup réduits à vous-même, vous ne saurez plus que *gémir et solliciter*; car on le sait, ce sont les jeunes messieurs qui sollicitent; c'est à eux qu'il faut des places, ils ont fait des études, savent tout; sont propres à tout, c'est-à-dire à toucher de bons appointemens et à les dissiper avec grâce, esprit, bon ton et empressement, disons plus, pour quelques génies qui sortent des colléges, ou des pensions, vingt mille jeunes gens y perdent leur tems et ruinent leurs parens : qu'importe la géographie à ce commis qui chaque matin vient s'asseoir dans le coin obscur d'un bureau d'administration ? A quoi servira le latin à cet expéditionnaire, qui ne fera jamais que des copies ? Qu'importe l'astronomie, la géométrie, l'Algèbre, les hautes sciences, à ce fils de marchand, qui, rappelé par son père, ne fera plus autre chose, que passer écriture de tel et tel article, et que se rendre routinièrement à la Bourse, pour y connaître le cours, et agir mécaniquement selon la hausse et la baisse.

Un jeune homme s'offre à mes regards, il a fait ces études; son père dit à un chacun, et avec une sotte vanité : Mon fils *m'a coûté dix milles francs en cinq ans ; mais il est bien instruit.* Ce phénix de pension et de collége se montre : et dès les premiers instans passés avec lui, je vois qu'il est au mieux disposé à oublier tout ce qu'il a appris; sa religion, il la connaît, nul doute à cela, les dogmes, les mystères, le culte, le rit, tout lui est familier ; mais il parle avec mépris de l'église, de ses ministres, et n'assite à la messe qu'avec contrainte, ou pour y rire et y troubler les assistans. Que dois-je penser d'un chrétien si bien instruit? Je lui parle du genre de vie qu'il menait à sa pension, des maîtres qui lui donnaient leçon : il sourit de pitié, nomme ces gens-là des pédans, des sots, des cuistres, qui n'ont fait que l'ennuyer. Alors je me dis: Pauvre père, que ne gardais-tu ton argent; tu as voulu rendre ton fils bon et utile aux hommes, ses semblables, et tu n'as réussi qu'à le rendre vain, glorieux, méprisant; tu l'as même armé contre toi, il rit de la manière de t'exprimer ; il te trouve simple, ridicule; il t'appele bonhomme ; il compte tes jours, et voit avec joie ton front se rider, tes cheveux blanchir, et tes jambes trembler : pourtant il a lu tous les traités de morale; il sait par cœur les Tacite, les Plutarque, et les Sénèque. O, en vérité ! c'est un grand abus que cette manie de pension, et je plaindrais beaucoup les parens, de perdre ainsi une partie de leur fortune, ou de leurs ressources ; si je ne savais qu'ils trouvent dans cette dépense une sorte de satisfaction qui leur est très-douce. En effet, quelle joie de pouvoir dire: Mon fils est au collége, il fait ses études, il me coûte tant chaque année, ses progrès sont étonnans, on assure qu'il ira loin.

Pauvre père, pauvre aveugle, mieux eût valu garder ton fils près de toi, l'élever toi-même ; en faire un bon et rond personnage, tel que tu l'es ; la société qui ne se soutient que par les bons et ronds, y eût gagné, au lieu que ton petit phénix sera un petit être inutile, et par là dangereux ; c'est parce que ses pareils se multiplient, que l'on voit tant de solliciteurs. Un fruitier, un cordonnier, un marchand d'étoffes, ont chacun un fils qu'ils ont mis en pension : donc voilà trois messieurs qui mépriseront, l'un le comptoir, l'autre la manique, celui-ci la hotte, et qui voudront être des commis, des employés, des secrétaires, des contrôleurs, des inspecteurs, des agens de toute espèce ; c'est-à-dire des postulans, des aspirans, des solliciteurs, et enfin des malheureux. Donc *l'art de se passer de place* est un art très-utile, et trop négligé ; si l'on a cru que je me proposais d'en donner les règles, on s'est trompé, on les trouvera toutes dans l'*Émile*, non corrigé, par un sieur Biret, mais tel que Rousseau en a tracé les pages immortelles. Corriger l'Émile, ô profanation !

Avant de terminer cet article, souffrez, messieurs les auteurs de *l'art d'obtenir des places*, que je vous félicite sur le succès de votre brochure, qui est une des plus agréables que l'on ait publiées depuis long-tems. Vous avez dit tout ce qu'il fallait dire, et l'avez dit avec esprit et facilité ; il y avait dans la première édition une note relative à un auteur garçon de bureau, elle lui était honorable sans doute ; pourtant il vous sai gré de l'avoir fait disparaître lors de l seconde édition. Si le malheur rédui un homme à une condition servile, i n'est pas nécessaire de désigner cet hom me, et de le montrer à ses concitoyens, l livrée qui le couvre le fait assez regarde ce qui ne dit pas pourtant qu'il en rougisse ; il a *feu et lieu* par elle ; il vit voit s'élever sa nombreuse famille, et n'es du tout disposé à changer son sort contre celui de certains messieurs très-méprisans.

Mortel, qui que tu sois, prince, brame ou soldat,
Homme, ta grandeur sur la terre
N'appartient point à ton état,
Elle est toute à ton caractère.

Beaumarchais, Tarrare.

Mais c'est assez nous reposer, remettons-nous en route.

M. Nau, rue des Bourdonnais.

L'honnête marchand, le brave homme ! Allez acheter du sucre chez lui, il le pèse sans papier ; demandez lui du café en poudre, il le fera moudre devant vous, et, pour prévenir toute crainte de votre part, il vous montrera la boîte du moulin, en vous disant : « Soyez certain que je ne trompe point, c'est du café *pur* que je vais vous livrer. » Le moyen de ne pas donner la préférence à un tel marchand ! tout rentier, qui connaîtra bien ses intérêts, demeurât-il au pont aux Choux, ou au marché aux Chevaux, ne craindra pas d'aller s'approvisionner rue des Bourdonnais. Oh! les rentiers sont des hommes *consequens*, ils savent tout ce qui leur est convenable, profitable; c'est bien pour eux, pour leur instruction, que l'on a dit: *L'économie est une seconde providence*; il est seulement fâcheux que celui qui a dit cela, ou qui l'a mis en forme d'épigraphe, au haut de ses inscriptions ; ait réduit ses créanciers à la plus stricte économie, et logés pour ainsi dire à l'enseigne de la Providence. Les vivans devaient hériter des morts; ils vivaient dans cet espoir, et la plupart meurent sans avoir vécu ; on conviendra que ce n'est pas la vivre. Revenons à monsieur Nau, qui est un bon vivant.

Au plancher de sa boutique se trouve suspendu un petit vaisseau avec tous ses agrès ; c'est une pièces très - curieuse; et qui vraisemblablement servira quelque jour à faire du feu ; mais M. Nau y tient, il la regarde comme le palladium de sa demeure : Tant que mon petit vaisseau sera là, dit-il, j'aurai du bonheur ; cet estimable homme ne s'avise pas de penser que son vrai orte *bonheur* est son intacte probité.

Mais, tournons nos regards vers le comptoir de l'estimable marchand, nous y verrons quelque chose de bien plus précieux que le petit vaisseau : une jeune personne de seize à dix-ept ans, qui tient et le comptoir et es livres. Il faut voir comme ceux-ci sont tenus : un expéditionnaire ux appointemens de dix-huit cent rancs, n'a pas une plus belle écriture que là ; la demoiselle, *c'est du moulé :*

I 2

faut-il additionner, soustraire, multiplier? nulle hésitation, feu *Baréme* de calculante mémoire, ne s'en tirait pas mieux; aussi le bon père ne s'est point remarié. Il a fait à cette chère fille, le sacrifice des petites joies qu'il eût pu se permettre encore dans ce monde. Dieu sait comme il en est dédommagé! C'est bien ici qu'il est permis de dire, et sans crainte de passer pour déclamateur: Il est pour l'homme vertueux, de bien douces jouissances, dont l'homme de plaisir n'a pas même l'idée.

Sainte-Chapelle.

Scandale, indignité, profanation, horreur! Je suis encore tout hors de moi. Ce matin, je me présente dans la seconde cour du Palais de Justice; je monte une douzaine de degrès, je tourne à droite, je frappe à une vieille porte ; un homme se présente : c'est un garçon de bureau ; et l'entretien commence.

Monsieur, je desirerais voir la Sainte-Chapelle. — Bien volontiers, monsieur, veuillez me suivre ; je suis ce guide presque octogénaire, qui trébuche à chaque pas : et me laisse voir sa surprise sur ma curiosité. Nous arrivons dans un grand et vaste local, planchéié économiquement; là, règne circulairement et symétriquement des corps de tablettes, surchargés de liasses décorées de cette fameuse étiquette *Factum*. Je regarde, je me tourne, et, depuis le sol jusqu'à la voûte, je lis ce mot *factum*. Le bon homme m'observe et rit; ma surprise est pour lui un petit divertissement : enfin, il me dit, d'un ton moqueur : Monsieur, soyez satisfait, voilà la Sainte-Chapelle.

Là.... — Vous êtes dedans. — Je ne

m'en serais pas douté. Alors je fronce mes deux noirs sourcils, je pousse quelques soupirs douloureux, et je m'écrie avec Jean-Jacques : *Les Français n'ont soin de rien, ils sont tout de feu pour entreprendre, et ne savent rien finir ni conserver.*

Prêt à dépasser le seuil de ce sanctuaire profané, je veux m'acquitter envers mon guide : une pièce de soixante-quinze centimes que je lui présente ; le fait reculer de soixante-quinze pas, je la dérobe à ses regards. Je le remercie, et je m'éloigne en répétant: ô profanation ! ô vandalisme !

Depuis long-temps je me faisais une fête de voir ce lieu consacré dans lequel fut déposé la couronne d'épines, et autres objets rapportés de la Palestine par saint Louis, de pieuse mémoire. Je m'attendais à voir l'intérieur d'un temple ; mes regards devaient s'arrêter complaisamment sur un maître-autel de forme gothique avec tous ses ornemens. De vieux, mais précieux tableaux, d'anciennes draperies riches de vétusté devaient me charmer. Les dalles de ce lieu révéré, mes pieds m'avaient bien promis de ne s'y poser qu'avec un saint respect; je m'attendais à éprouver une vive et ravissante émotion : c'était comme un pélerinage que j'allais faire, comme un vœu que j'accomplissais : ferveur, recueillement se préparaient en moi. J'entre, et des factums frappent mes regards! Des factums!... non, jamais homme ne s'est vu plus complètement déçu dans son espoir; jamais mortel désireux n'a été plus trompé par son imagination; la mienne m'avait tant promis, tant fait espérer! et voilà ce que la triste réalité m'offrait! Il ne faut pas beaucoup d'épreuves de ce genre, pour rendre défiant et farouche l'homme le plus confiant et le moins ombrageux. Il me souviendra toujours de ces milliers de factums, de ces archives poudreuses, et de ce temple saint transformé en un magasin de viles paperasses, qu'attendent les beurrières et grainetières de la halle.

O Rousseau ! cher et divin Rousseau ! de toutes les vérités que tu nous a adressées dans tes immortels écrits, il n'en est point de plus utiles que celles-ci, et qu'on doivent nous faire entendre le plus souvent. « Les Français sont tout feu pour entreprendre ; mais ils ne savent rien finir, ni rien conserver ! ni rien conserver !!! Notre histoire nous adresse aussi ce reproche : elle atteste que les Français ont toujours su conquérir, mais non conserver leurs conquêtes. Lisez, reculez de règne en règne, c'est toujours cela : prendre et rendre aussitôt, sans préjudice de ce que l'on pourra prendre et rendre encore.

Un peu plus d'adresse et de ténacité, et rien n'échappait au grand peuple. Il lui suffirait de se rappeler comment en agissaient les Romains, lorsqu'ils conquéraient des royaumes : ils en enlevaient les rois, d'abord ; les amenaient en otage au sein de la mère patrie, et envoyaient aussitôt des proconsuls qui régissaient et gouvernaient : c'était là tout le secret, et on le connaissait pourtant. Pourquoi donc l'a-t-on dédaigné? Ah ! pourquoi ? parce que les Français sont bons, humains, faciles, et qu'ils n'ont rien de la rudesse ni de la férocité romaine ; que la générosité, la magnanimité, l'insouciance philosophique, dominent dans leur beau et heureux caractère : vainqueurs et couronnés, ils ne songent plus qu'à la joie, et laissent aux vaincus toute facilité pour se relever, leur tendant même pour cela une main affectueuse. Ah! les Français sont vraiment de bonnes gens. Je viens de relire Tacite, et je conclus de cet effrayante lecture, que le peuple roi, tant loué, tant admiré, était un peuple essentiellement injuste; tous les vices étaient en lui; sa valeur avaient quelque chose d'horrible, c'était une habitude de carnage, une soif de sang, que rien ne pouvait apaiser. Français, Français, ne songez plus à être Romains, ce désir vous a été funeste, il vous le serait plus encore; la férocité ne vous va pas, elle est pour vous, trop romaine; restez ce que vous êtes, bons, humains et aimables: cependant, ne brisez ni vos fusils, ni vos épées, conservez les, au contraire, et avec soin, ne les laissez pas rouiller, vos armes doivent toujours briller, il vous faudra peu de peines pour cela, car elles ne sont pas si ternies, que certaines personnes voudraient le faire croire.

Hors-d'œuvre.

Il y a long-tems qu'on nous prouve la décadence de l'empire ottoman.

Lorsque l'on réfléchit sur l'état présent de l'Europe, on ne comprend pas sur quoi se fondent les belles espérances que l'on a conçues de la ruine totale de l'empire ottoman.

Le grand avantage du Turc, est d'être seul; il a des esclaves, mais point d'alliés.

La politique du Turc n'est pas sotte, mais elle est trop violente.

Le grand-turc n'épouse que des esclaves, qui deviennent mères d'assez grands monarques.

S'il est vrai que les Turcs jouent sans intérêt, cela est grand.

Il a été un tems où craindre le Turc, n'était pas une terreur panique.

Pendant quatre siècles la puissance ottomane a paru s'occuper du dessein de la monarchie universelle, elle n'y a pas réussi ; maintenant elle paraît se borner à résister et à se conserver en l'état où elle est. Le géant russe est debout et armé, je le vois, il s'approche pas à pas : arrivera-t-il, y aura-t-il deux villes impériales, un *Alexandre à Pétersbourg*, un *Constantin à Constantinople*? les Turcs iront-ils s'établir au delà du détroit; Scutari, où ils font porter leurs morts, crainte d'exhumation, deviendra-t-il le siége de l'empire ottoman ? n'y aura-t-il plus en Europe que des chrétiens? Voilà de grandes et intéressantes questions: pour les résoudre, regardez la carte de l'empire de Russie, et lisez une brochure de l'auteur des *Ruines*; puis décidez : Si cela vous est trop difficile ; imitez l'Hermite du Marais : vivez tranquilles et laissez faire.

Le Turc ne demande à ses sujets que le tribut et l'obéissance, leur laissant choisir le chemin par lequel il leur plaît d'arriver au ciel plus ou moins directement. On dirait qu'il connaît et croit devoir pratiquer cette belle maxime d'un prélat catholique : « Nulle puissance humaine ne peut forcer le retranchement impénétrable de la liberté du cœur. ,, (*Fénélon*), oui Fénélon.

Depuis long-tems on blâme la manière de combattre des Turcs, et leur discipline militaire ; mais puisqu'elles leur ont soumis une si grande partie du globe, on peut croire qu'elles ne sont pas si mauvaises.

Journal des Débats.

Je l'ai vu dans toute sa force, dans tout son éclat. Geoffroy était là. Les vingt, les trente mille abonnés renflaient bien le cœur dudit journal, qui recevait les petits auteurs, Dieu sait comment, et qui les traitait, tout le monde le sait : et *tout le monde* de rire et de s'abonner. Car il n'est rien tel que la malignité pour bien assaisonner une feuille, et en faire comme un *réveil matin* pour tous les messieurs, soit commis, soit négocians, soit hommes de loi, qui se pâmaient d'aise à l'aspect des Pradon et des Cottin drapés à la Geoffroy. Quel drapier, bon Dieu ! que cet abbé. Mais entendons-nous, il fournissait du bon : aussi avait-il la vogue. On a vu depuis, des fripiers vouloir s'établir à sa place, et faire valoir le fonds à l'aide de l'enseigne qu'ils laissaient et pour cause : mais l'enseigne n'est pas tout. On entre, on marchande, on se fait déployer l'étoffe, on la touche, et l'on sent la corde ; donc cela n'est pas moelleux, donc on se voit trompé, donc on s'éloigne, et l'on va se fournir ailleurs.

Arrête Hermite ! tu te perds : quoi ! au lieu de te mettre à genoux devant le géant des journaux, tu l'insultes ; ne sais-tu pas qu'un coup de doigt de sa terrible main, suffit pour t'écraser. Tu as de l'humeur, plusieurs ouvrages que tu avais envoyés à la rédaction du Journal des Débats, y sont demeurés enfouis, et n'y ont pas même obtenu une simple annonce : cela est fâcheux ; mais crois-moi, dissimule ; songe combien, avant toi, on a de personnes à satisfaire ; combien d'illustres à prôner, combien d'amis à obliger, combien de nouvelles à publier. Ah! dissimule!... deux lignes dans les Débats suffisent pour te perdre. — Ah! laissez-donc. — Oui, le Mercure, d'un trait de plume t'a renvoyé à l'antichambre. — Eh! bien, le beau malheur, moi je le renvoie au grenier de la rue des Poitevins, pour qu'il y meure une seconde fois. — Oui, et pour qu'il ressuscite tout glorieux, et armé du casque, de la lance et enfin du bouclier de Minerve. Ah! crois-moi, ménage les journalistes, songe que tu n'es qu'un chétif rentier du Marais : et qu'enfin tu ne possèdes que quinze-cent francs de rente. — Il est vrai, voilà ce que vous avez dit de mieux : donc je me résigne, je me calme, me modère; mais ce qui est écrit, est écrit. Si l'on me jette à terre, l'inscription me relevera et me remettra sur pied;

nouveau Basile, je souffrirai la dure vérité, n'ayant pas de quoi gratifier des menteurs.

Journal de Paris.

Bonne petite feuille, bien remplie, et qui fait de son mieux pour soutenir son titre. Elle a été pendant quelque tems le champ de bataille d'un gros joufflu qui s'y escrimait à l'étourdie, et qui en en disparaissant, s'était dit : *Ce champ va devenir si désert, qu'il y poussera des chardons et des ronces.* Mais voilà qu'au lieu de cela, le dit champ est encore *champ d'honneur.* On s'y escrime dextrement, vaillamment ; et bien loin que ronces et chardons ayent le tems d'y pousser, il est si lisse, qu'il n'y a que de bons champions qui puissent s'y soutenir sans glisser et sans tomber. Les prophètes sont plus rares qu'on ne pense, et il n'est pas donné à tous d'annoncer la vérité, surtout par abonnement : ce qui serait aussi trop vulgaire.

L'ODÉON

avant sa brûlure.

Le beau local ! Que n'est-il possible de le transporter au centre d'un quartier bien vivant, bien populeux ! Que n'est-il possible aussi de diminuer le nombre des personnes qui composent le comité d'auteurs de l'Odéon, sorte d'aréopage, où siégent messieurs tels, connus par des succès heureux, brillans, et soutenus enfin.

Pauvres petits auteurs, comme moi tremblez : vous venez de présenter humblement votre comédie en un, ou deux ou trois actes; elle va être enregistrée, d'abord, par monsieur le régisseur, lequel la présentera au directeur, lequel en regardera le titre, et la fera parvenir au comité. Tout aussitôt un des honorables membres s'en emparera pour l'examiner chez lui, ce qu'il fera à bâton rompu, c'est-à-dire en moins de quinze ou vingt jours. Impatient, vous vous présenterez devant monsieur le régisseur qui vous dira : Cela ne m'est pas encore revenu; repassez de vendredi en quinze, car le vendredi est le jour faste de l'Odéon.

Lecture le vendredi, assemblée le vendredi; c'est le vendredi enfin, que l'on donne audience aux auteurs, que l'on daigne les traiter, ce qui explique assez pourquoi la plupart de ces messieurs sont si maigres. Hélas! il est donc vrai; ils sont passés les jours gras de la gent dite lettrée: plus d'espoir à moins d'être de quelque comité, ou de se faire éditeur, c'est-à-dire de se louer à un libraire pour lui fabriquer des avertissemens, des notes et des prospectus.

Le vendredi, donc, l'humble auteur se présente de rechef devant le grave, le réservé régisseur et acteur de l'Odéon, qui tout aussitôt lui dit : Ah! *j'ai votre affaire, cela m'est revenu*, ce qui veut dire que vous avez perdu votre tems. Cependant il y a une note dans votre manuscrit, vous désirez la voir ; mais on vous prive de ce petit plaisir ; vous insistez : Montrez-moi la note, dites-vous, que je connaisse mon arrêt, cela m'instruira, m'apprendra à mieux faire. Le régisseur vous regarde, il s'assure que vous êtes un bon et honnête homme, et qu'enfin on peut vous confier pour un moment cette note, pour vous si importante, et qui, à peu de chose près, est conçue en ces termes ;

» *Nul d'intérêt, vide d'action, style faible, lâche et sans couleur: à rendre.* Vous rougissez à ces mots ; vous reprenez votre manuscrit, vous saluez le régisseur qui rit sous cape, et se dit: En voilà encore un avec les autres. Nos messieurs congédieront tant de ces pauvres diables, qu'à la fin ils seront seuls en possession de l'honorable scène du très-honorable Odéon. Un beau matin, vous rencontrez tout justement l'illustre qui vous a lu, et condamné ; vous le saluez bonnement, lui majestueusement, puis il vous tourne le dos pour rire de vous et se rengorger: tant il est vrai qu'il faut peu de vent pour gonfler un petit ballon. Donnez-moi soixante mille francs, et le privilège du théâtre du Cirque-Olympique, je me mettrai à faire des pièces, je les monterai moi-même, j'en soignerai le succès avec adresse, et dans trois ans vous aurez en moi un poëte comique; je ne dis point un Molière, un Régnard, un Destouches; non, je me connais, je dis seulement un poëte comique digne de siéger dans le comité de l'Odéon : si c'est trop présumer, écoutez ce que je vais déclarer dans l'article suivant.

Cirque Olympique.

Tout dernièrement il m'a pris envie d'écrire au Roi, et de lui dire : « Prince, j'ai quarante ans, je suis père de sept enfans. je n'ai pour les faire subsister que ma chétive inscription de quinze cent francs sur le grand-livre ; mais je connais le théâtre, depuis le dessous jusques aux frises. A dix ans, j'étais dans les coulisses de l'Opéra ; à quinze ans, sur la scène du *Théâtre sans Prétention*; à dix huit, sur celle de Dijon, et côte à côte avec Molé, ce qui ne dit point d'égal à égal. A vingt ans, je recevais les applaudissemens des Italiens, sur les théâtres della Scala, della Canobiana, de Saint-Augustin, etc. etc. A vingt cinq ans je me préparais à débuter sur la redoutable scène française, lorsque l'amour s'empara de moi, et fit d'un amoureux de comédie un amant très passionné, puis un époux, puis un père noble, et bientôt un père dindon.

Donc il est assez prouvé, Sire, que je connais le théâtre. Si Votre Majesté veut m'accorder le privilége de celui du Cirque, je me fais bon d'y réussir, et même de donner à vos comédiens ordinaires, une généreuse émulation, ce qui, certes, ne sera pas un petit effort de génie, ce Cirque, je l'appellerai *Pe-*

tit *Théâtre Royal.* J'y représenterai tragédies, drames et comédies, négligés depuis vingt cinq ans par MM. les comédiens ordinaires : rien qu'avec cela, je me ferai un répertoire très-riche, parce qu'il se composera de pièces vraiment nouvelles pour la génération présente. J'aurai une troupe peu nombreuse, mais choisie selon mon goût. Je dépenserai peu en décors, peu en figurans et figurantes ; Babin, me fournira les costumes dont j'aurai besoin. Je payerai régulièrement, parce que j'aime à payer : et de rentier du Marais je me trouverai directeur du petit théâtre Royal, et cela sans avoir nui à personne.

Il me prendra peut-être envie de glisser par moment sur la scène de ce théâtre, quelque petites pièces de ma façon et je ne me refuserai pas cet innocent plaisir. Je ne réussirai peut-être pas à cela tout aussi bien que certains *directeurs auteurs ;* mais comme j'ai un peu de philosophie en réserve, et que de plus j'ai déjà été sifflé passablement, en certains lieux, soit de France, soit d'Italie, je ne perdrai point courage, persuadé d'ailleurs que les Français sont nés siffleurs, non seulement de leurs comédiens, mais de tout ce qui les entoure, les arrête, et les émerveille. Vouloir faire taire les sifflets, serait la chose du monde la plus difficile, et même la plus impolitique. Je laisserai donc siffler, et j'irai mon train, formant des tragédiens et des comédiens pour le *grand théâtre ordinaire,* et remplissant ma caisse sur laquelle je pourrai un jour m'appuyer, en disant, comme de mon inscription : *Elle est là.* Par exemple j'aurai grand soin de ne pas appeler monsieur Comte à mon aide; il a trop d'esprit, il en sait trop pour moi, nous ne corderions pas ; mes comédiens rivaux de ses pigeons et de ses souris, auraient de l'humeur ; j'en prendrais aussi en voyant se prolonger la séance du physicien, et je lui dirais de se choisir un plus vaste et plus brillant théâtre. Cet homme-là ne se connaît pas bien, ne s'apprécie pas assez, il n'y a plus que l'Olympe qui soit digne de lui : les pauvres mortels ont la vue trop courte pour pénétrer dans la profondeur de ses merveilleux secrets; les dieux y verroient peut-être plus clair, ils sont sans doute *physiciens nés.*

Frères Mahon.

Honneur à ces deux bienfaiteurs de l'humanité ; eux aussi sont possesseurs de secrets, non merveilleux mais utiles. Présentez aux deux illustres frères, un malheureux enfant dont la tête sera couverte de cette affreuse dartre nommée teigne : ils la frotteront d'un *certain onguent qu'ils savent faire*, et en moins de trois semaines sans avoir rien écorché, rien déchiré, ils vous rendront sain et sauf, l'infortuné, qui en d'autres temps, n'eût pu échapper à la dangereuse et barbare opération dite *de la calotte.* Tout récemment un petit Savoyard m'arrête sur le pont neuf : je le regarde, et je remarque sa tête toute enteignée au sommet. Que fais-tu là ? dis-je au petit malheureux : pourquoi ne vas-tu pas trouver les frères Mahon ? — les frères Mahon ! — Eh ! oui, ne les connais-tu pas ? — Monsieur, si fait ; — eh ! bien, — ils ont refusé de me traiter. — Cela n'est pas vrai, tu es un fourbe : viens, que je te conduise près d'eux. Alors je m'empare du petit drôle qui, effrayé, m'avoue que le tort est de son côté. Il avoit manqué plusieurs pansemens, et ainsi avoit rendu nuls les soins de ses bienfaiteurs qui, indignés, l'avaient repoussés, mais seulement pour quelque temps.

Au moment où je trace ces lignes, le petit drôle est guéri ; il crie du fond du cœur : vivent les frères Mahon ! Moi, j'ajoute qu'il faut espérer qu'ils n'emporteront point avec eux leur utile secret, qui a été acheté, et qui doit rester à la patrie, pour ses enfans teigneux.

Cloître Notre-Dame.

Il fut un tems où ma bonne tante *Edmée Richebourg* y demeurait ; chaque mois je lui rendais une petite visite intéressée : en me congédiant elle me donnait, en sus de la bonne morale qu'elle m'avait débitée, un petit pot de beurre, ou de raisiné, puis un gros peloton de fil qu'elle avait bravement filé elle-même : comme ces bonnes reines du bon vieux tems, qui faisaient tourner le fuseau en chantant noëls et cantiques, et par fois aussi la touchante romance du tant beau troubadour : à ce petit don, se joignait pour moi un bon livre comme celui ci, *Pensées chrétiennes*, et un meilleur comme celui-là, *Imitation de Jésus-Christ*; et à chaque visite, nouveau don, nouveau livre. O ma bonne tante Richebourg ! pouvais-je passer dans le cloître Notre-Dame, sans penser à vous, sans m'arrêter devant la maison, où tant de fois j'ai reçu vos sages avis, vos pieux conseils et vos petits pots de beurre, que tout courant je portais à ma mère.

C'est là que vous avez vieilli dans la maison et près de monsieur de Labédoyère, votre vénérable maître. Il n'est plus; comme vous, il a disparu d'ici bas. Je pouvais donc me taire, ne pas m'avouer le parent d'une cuisinière; mais j'en suis bien fâché pour tous nos petits lettrés qui, la plupart, se font passer pour nobles, et cela afin de donner du relief à leurs productions : en quoi ils se trompent grossièrement, puisque ce que nous avons de mieux écrit et de mieux pensé, nous vient de ces hommes du peuple : ainsi que l'étaient un Horace, un Virgile, un Boileau, un Jean-Jacques et autres roturiers. Je me dirai toujours avec une sorte de fierté. J'ai soigné ma bonne tante Richebourg pendant sa dernière maladie: puis je l'ai ensevelie, puis conduite au Champ du Repos, où elle a été mise tout au milieu de la grande fosse côte à côte des *morts vulgaires*: j'aurais pu lui faire donner la fosse à part, puis la pierre tumulaire, puis l'inscription bien surchargée de vertus, car ma tante en avait fait preuve; j'ai dédaigné tout ce faste des tombeaux. J'ai pleuré ma tante, je la regrette maintenant, c'est tout ce que je dois, c'est tout ce que je puis; tout le reste n'est rien qu'ostentation, et cela ne convient pas au rentier du Marais qui peut avoir un bon cœur, de la sensibilité dans l'âme, mais point de goût pour les œuvres d'apparat et les sensibleries : sans compter que sa modeste inscription de quinze-cent francs lui interdit les dépenses inutiles.

***

Hôtel-Dieu.

Mon Dieu, faites-moi la grâce de ne pas m'envoyer un jour mourir dans votre hôtel; il y a trop de monde, j'y serais mal, j'y mourrais mal, et je tiens à bien mourir, c'est-à-dire dans mon taudis du Marais, sur mon grabat, et entouré de mes sept enfans, de ma femme et d'un bon prêtre de mes amis, homme de bien et bon chrétien en dépit de la haine et de l'acharnement de certains esprits forts, qui voudraient nous persuader qu'il n'y a plus de vertus sous la longue robe et le surplis.

Honneur, à l'ouvrier laborieux qui n'a jamais mis les pieds à l'Hôtel-Dieu. Il est de faux malades, il est de faux pauvres, de faux souffrans. Ah ! s'il était possible de faire un triage parmi tous ces pauvres : le bon Lazare serait assisté, secouru ; mais le vil mendiant aux membres forts et nerveux, serait condamné à gagner le pain qu'il demande avec tant d'impudence, et qu'il a soin d'arroser d'un brillant rouge bord.

J'aurais mille choses à dire sur l'Hôtel-Dieu ; mais ces choses seraient tristes, affligeantes : laissons-les débiter à d'autres, et portons nos pas vers ce premier de tous nos temples, vers ce lieu que je ne visitai jamais, sans y éprouver une sorte de satisfaction douce ou de joie extatique.

Notre-Dame.

Oh ! combien j'aime les vieilles églises. Comme elle est hardie, imposante, cette architecture gothique : l'âme se dilate, s'épand, s'agrandit au milieu de cette immense Basilique. Elles ne sont pas mesquines ces colonnes ; on voit qu'elles portent bien ce qu'elles portent, et qu'il y a toute sûreté pour les fidèles. J'avance, je regarde les chapelles une à une, comme un à un les tableaux. Je fais le tour, non sans avoir jeté un coup d'œil sur le cadran, peut-être mal placé dans ce coin; mais, combien grand est mon contentement, lorsque je me trouve dans la sombre galerie qui entoure le chœur; je m'y arrête à chaque pas : toutes ces petites figures grotesques, tous ces petits sujets historiques, toute cette *Bible en action* m'instruit et me captive. Un tronc s'offre à ma droite, j'y glisse dix centimes qui font sonner creux, et m'avertissent que les tems ne sont plus où les troncs s'emplissaient dans la huitaine, et aidaient ainsi à la prompte construction des monumens pieux. Toute la population du fauxbourg Saint-Honoré pourrait se réunir chaque dimanche dans la belle église de la Madeleine; mais cette population se borne à former des vœux, et chacun sait que ce n'est pas avec cela que l'on élève pierre sur pierre. Il faut en convenir ; la moderne philosophie nous a rendus bien insoucians pour certaines choses ; et nos bons aïeux, qui mettaient leur gloire à faire construire des chapelles et des églises, avaient, je pense, des sentimens et plus chrétiens, et plus patriotiques. Espérons néanmoins ; on se *réchristianise* ; la piété est sur le trône avec les autres vertus royales ; et bientôt la force de l'exemple exercera sur nous, pour notre bonheur, son glorieux empire.

Je poursuis mes stations ; j'arrive devant la grille du chœur : je m'incline, me recueille, et je pense à Rousseau, qui, après avoir mis la dernière main à la copie manuscrite de ses Confessions, forma le projet d'aller la déposer sur le maître-autel de cette cathédrale. Mais, ô surprise ! ô douleur ! toutes les grilles sont fermées ;

nulle issue, nulle possibilité d'approcher. L'homme de génie, que son ardente imagination tourmentait sans relâche, voit un complot dans une simple mesure de sûreté; ce n'est selon lui, ni l'usage, ni l'habitude, ni l'ordre établi dans la sainte maison, qui a fermé ces grilles; ce sont, se dit-il, les Diderot, les Holbach, et les d'Alembert qui lui ont joué un si damnable tour. Alors il cache sous ses vêtemens son précieux manuscrit, et s'éloigne ainsi qu'un criminel que les remords poursuivent. O Rousseau! ô mortel trop sensible! que n'étais-je alors près de toi pour te rassurer, te calmer, et te prodiguer ous mes soins!

Me voilà devant le portail de la superbe Basilique, et j'y pense encore à Rousseau. Là, me dis-je, un bourreau de son affreuse main, a jeté l'Emile au milieu des flammes. Brûler l'Emile!

Est-il bien vrai? est-il possible? J'aime et j'adore Dieu, je sais par cœur les quatre Évangélistes, je suis bon chrétien, je veux que mes enfans soient tels. J'ai été élevé chez les Feuillans de la rue Saint-Honoré; j'ai reçu tous mes sacremens, hors le dernier; j'ai été honoré des bontés particulières de plusieurs vénérables religieux; j'ai mérité et reçu nombre de *prix* des mains de monsieur Marduel, curé de Saint-Roch, et aussi des petites douceurs d'un saint archevêque; j'ai été choyé, endoctriné par plus de mille moines des nombreux couvens d'Italie. Mais je suis encore à comprendre, comment on put se décider à brûler l'Emile du bon Jean-Jacques.

Seconde corbeille de glanures pour les penseurs.

La vie ressemble à une belle musique, qui charme, plaît; mais qui dure peu.

Ceux qui profitent de tout, sont sages et heureux.

Celui qui distribue les rôles dans le monde, donne tout ce qu'il faut pour s'en acquitter à son gré.

L'on est plus sensible aux maux de ce monde qu'à ses biens.

Les philosophes étaient de mauvais garans de leurs magnifiques promesses.

On doit jouir sans scrupule de tout ce qui est permis, et s'abstenir sans douleur de tout ce qui ne l'est pas.

On peut rendre glorieux tous les malheurs, quelque grands qu'ils puissent être.

Le mérite naît avec les hommes; heureux ceux avec lesquels il meurt!

C'est une espèce de servitude agréable, que d'être obligé à ceux qu'on estime.

Prétendre la reconnaissance des bienfaits, c'est presque mériter l'ingratitude.

Les mépris vengent noblement les grands cœurs.

Le mérite de la personne donne du prix à ses actions.

Tout ce qui est faux, est ridicule.

Du moment où l'on s'est proposé d'atteindre un digne but, il ne faut plus le perdre de vue.

La conscience est l'unique miroir qui ne flatte et ne trompe jamais.

La modestie est une espèce de sincérité.

Les hommes sont inconnus aux autres et à eux-mêmes jusqu'aux occasions.

Il en est des bienfaits comme des grains, il faut les jeter au hasard et avec profusion.

Il faut être plus avare de son tems que de son argent.

Les jeux de grande application, ne sont ni jeux ni affaires.

Les gens qui se divertissent trop, s'ennuient.

La raison ne donne pas tous les secours qu'elle promet.

Ce n'est pas sans motif que la nature a donné des épines aux roses.

Plus on tourmente le corps, plus il se rend mutin.

Malheur à l'homme, quand ses passions et ses plaisirs le dégradent.

Il est aussi honteux de savoir certaines choses, qu'il l'est d'en ignorer d'autres.

Tout ce qui ne rend pas l'homme plus sage, plus fort, et plus heureux, lui est inutile.

Il ne faut pas se le dissimuler : les grandes actions, ainsi que les nobles et généreux sentimens, sont de Dieu.

Les bonnes actions donnent du courage, les mauvaises l'ôtent.

Le mérite extraordinaire est un crime, qui ne se pardonne pas.

Perdre les occasions de se signaler est une grande perte.

Hasarder sa vie n'est rien ; mais hasarder sa gloire est le dernier effort de l'intrépidité.

L'invincible persévérance ne s'étonne de rien.

On peut être homme d'honneur sans être un grand homme ; mais on ne saurait être un grand homme sans être homme d'honneur.

Les hommes désaprouvent toujours ce qu'ils ne sont pas capables de faire.

La fortune justifie bien des défauts et des crimes ; mais elle n'en console jamais : la conscience est là qui reproche, et le remords torture.

Il y a une étoile qui unit les âmes du premier ordre, malgré les lieux et les siècles qui les séparent.

Quand la fortune abandonne [les] hommes, tout les quitte.

Se rendre tellement maître de [sa] langue et de son visage qu'ils ne puissent trahir les secrets du cœur, un art, qu'il ne faut pas ignorer.

Les fourbes en petit, sont des [scélérats] en grand.

Peu de personnes ont assez de fo[rce] d'âme pour donner des conseils dé[sa]gréables.

Il y a bien peu d'hommes à l'épreuve de la nécessité.

Quelque confiance que l'on ait en certaines personnes, il est des secrets qui ne leur sont pas communicables.

Le cœur humain est impénétrable.

CHRISTINE.

Panthéon.

Toutes les fois que je m'avise d'entrer dans ce vaste et superbe monument, la peur m'y prend ; j'en ai vu tant et tant étayer les pilastres, les arceaux de ses voûtes, les colonnes qui portent l'étonnante coupole, qu'à l'exemple de Michel-Ange, Soufflot a voulu placer dans le ciel, qu'il me semble toujours, qu'elle va rentrer en terre d'où elle est sortie, pierre à pierre. Ma crainte est chimérique, dira un disciple des Vitruve et des Perrault, je le veux croire, je la combats autant qu'il est en mon pouvoir; mais il n'en est pas moins vrai qu'elle entre toujours avec moi dans le vaste et fastueux monument.

Pourquoi donc y aller? dira-t-on : ah! Pourquoi?... Parce que mon cœur m'y conduit, parce que *l'homme de la nature et de la vérité* y repose; ôtez sa dépouille mortelle des caveaux du Panthéon; rendez à Ermenonville son trésor; replacez au milieu de l'île des peupliers, le tombeau de Jean-Jacques; et alors je dirai nargue du Panthéon: à moins que vous n'en fassiez une église, que vous y installiez les ministres de la religion; oh! alors je monterai de nouveau, et le plus souvent possible la montagne Sainte-Geneviève; car je vous le dis en vérité, et en bon Parisien du bon Dieu, j'aime les églises, les pieux monumens, mais très-peu les *temples de la victoire*, qui élevés trop tôt portent malheur, comme cela s'est vu, et encore moins les *temples de la raison*, dans lesquels on déraisonne patriotiquement.

Chefs du gouvernement, je vous en supplie très humblement, rendez à l'illustre famille des Girardin, ce

Rousseau qui l'honore, ce Rousseau qui, n'ayant pas une pierre pour reposer sa tête, a trouvé dans le domaine de Girardin, oreiller, lit, chambre, chaumière, vergers, bosquets, ruisseau, lac, tout enfin, jusqu'à la *pervenche* tant aimée du philosophe et pour cause.

La pervenche, grend-Dieu, la pervenche, soudain,
Il la couve de l'œil, il y porte la main,
Avec moins de plaisir, avec moins de tendresse,
L'amant aimé, revoit, adore sa maîtresse.
DELILLE.

Et Voltaire, dira-t-on, vous n'en parlez pas, il est aussi au Panthéon; qu'il y reste, il y est bien, il aime le faste, l'éclat, la grandeur; habile comédien, il doit beaucoup se plaire dans ce vaste théâtre de l'orgueil humain : pour qu'il s'y trouve mieux encore, encensez-le, jetez-lui couronne sur couronne; applaudissez-le, adressez-lui mille et mille bravos, il ne dira jamais holà! Mais pour mon cher Jean-Jacques !... reconduisez-le dans son île des Peupliers, présentez-lui un bouquet de pervenche, ou de plus humbles fleurs, et laissez-le seul, il sera content, et moi aussi.

Est-ce tout sur le Panthéon ? ne direz-vous rien de sa structure, de... Non, seulement je déclare qu'il y a là, un bon vieux portier, honnête homme, qui vous conduit dans les souterains, vous y éclaire, vous y explique ce que vous savez aussi bien que lui, et reçoit sans demander, ce qui est agréable, et fait toujours donner davantage.

Ab assuetis non fit passio.

Sorbonne.

Elle est déserte, elle tombe en ruine, tant mieux; cela prouve que l'on ne s'agite plus, que l'on ne se tourmente plus pour des mots vides de sens, que les discussions sur *la grâce*, sur *le pur amour*, sur *la béatitude, la, etc., etc.*, sont passées de mode. *Croire et prier,* voilà tout ce que je demande au chrétien. Quant aux *raffineurs en matière de culte*, ils ne sont bons qu'à troubler les esprits, et à faire tomber dans le doute, ce qui est la plus fâcheuse de toutes les positions. *Croire et prier,* voilà ma devise, et je désire qu'elle soit celle de mes enfans.

Qu'elle était heureuse cette bonne vieille femme, qui, chaque matin, adressait à Dieu, cette courte, mais fervente prière : *O! ô!* saint Fénélon, qui l'entendit et l'admira, ne manqua pas de lui dire, avec cette bonté que tout vrai chrétien lui connaît, « continuez ma mère, votre *ô! ô!* qui paraît sortir du fond du cœur, est plus agréable à

Dieu, que les longues prières de l'hypocrite, ou du mondain distrait. »

Veu-t-on savoir à quoi ont abouti les déraisonnements de la Sorbonne ; à faire pulluler sur les parapets des quais de la capitale, ainsi qu'à tous les coins de rues, plus de cent cinquante mille bouquins tout remplis de discussions théologiques. O Cosaques ! lors de votre apparition à Paris, vous auriez bien dû, nouveaux Omars, nous délivrer de tous ces superflus de bibliothèques; mais d'autres soins vous occupaient, et vous en vouliez à toute antre chose qu'à des bouquins.

École polytechnique.

Honneur à cet établissement, à cette pépinière de héros. Il y a là, plus d'un personnage historique, qui s'évertue, se prépare à étonner un jour ses contemporains, qui maintenant, ne voyent en lui qu'un imberbe. Puisse cet espoir de la patrie, n'en être pas le désolateur! Puisse en lui les vertus égaler les talens, et en faire un homme de bien, plutôt qu'un héros brillant. Tel est le vœu que forme le rentier du Marais, en passant devant l'Ecole polytechnique où ses moyens ne lui permettent pas de placer un de ses cinq garçons, ce dont il se console difficilement.

Collége de France.

Où s'en vont les écoliers, qui sortent en foule de ce beau collége? Ils se répandent gaiement dans le quartier Saint-Jacques, où chacun d'eux a sa petite chambre garnie, son petit couvert à la table d'hôte, ou chez madame veuve une telle, ou chez lui, où il fait lui-même sa petite soupe à l'oignon, et retourne ses trois saucisses plates dans la petite poêle qu'il a tout récemment achetée sur le quai de la Féraille, et cela par motif d'économie, en attendant que les Francs arrivent de la Gaule narbonnaise, d'où le papa ne les envoie que peu à peu, et prudemment.

Est-il donc bien nécessaire d'envoyer les jeunes provinciaux s'instruire, se former à Paris? Les intentions des pères y sont-elles toujours bien remplies; n'y acquiert-on pas plus de vices que de sciences; les bons parens sont-ils sans inquiétude; ne se préparent-ils pas des peines, des chagrins; s'honoreront-ils d'un phénix, ou rougiront-ils d'un débauché?... Mon Dieu, mon Dieu !... quelle foule d'idées et m'obséde et m'assiége. Savoir tant vanté! est-il bien vrai que l'on peut t'acquérir, sans péril pour les mœurs ; si cela n'est pas tel, ne vaudrait-il pas mieux que chaque père gardât son fils près de lui, sous son regard, dans sa ville, ou villotte, au risque de n'y élever qu'un bon et honnête homme comme lui, sain de corps comme lui, et qui, comme lui aussi, se passionnera pour une jeune et belle personne, qu'il aimera uniquement sans la comparer aux Phyrinés et aux Laïs de la capitale, lesquelles comme l'on sait, intéresent plus les jeunes humanistes et étudians, que tous les livres qu'ils portent sous le bras, et feuillettent forcément, pour la plupart. Je reviens au collége de France.

Delille y avait son logement ; il y recevait ses disciples, ses enthousiastes, il y faisait ses lectures, ou plutôt il y déclamait ses vers. Mais peut-être le mot déclamer sera-t-il pris ici en mauvaise part, car Delille était un beau diseur. Les plus grands comédiens n'en approchaient pas ; c'était une onction, une douceur, une harmonie; enfin, messieurs et dames s'y confondaient, s'y pâmaient. Venaient les descriptions si bien décrites, les tableaux si bien nuancés, si bien rendus, les sentences sur lesquelles le poëte appuyait à la *Voltaire*, très-beau diseur aussi, comme chacun sait. Mais ce qui surtout émouvait, touchait, arrachait des larmes, c'était la sensibilité du poète, sensibilité que le moindre émistiche excitait, mettait en train ; la corde de la lyre était toujours mouillée, témoins ses vers.

O toi, douce pitié, sers mon tendre délire,
Viens mouiller de tes pleurs les cordes de
ma lyre.

Ce qui, pour le dire en passant, devait un peu atténuer la force vibrante desdites cordes.

Vous en voulez bien à Delille, me

dira-t-on, ou plutôt vous le traitez bien à la légère! Il se peut, je l'ai lu pourtant, et je déclare que jeune, il m'a causé de très-vives émotions. Ses *Géorgiques* et ses *Jardins* trouveront toujours en moi un sincère admirateur. *L'Homme des Champs* où se rencontrent Rousseau et sa pervenche, me plaît aussi beaucoup; l'*Imagination*, le plus beau fleuron de la couronne de Delille, et celui de ses ouvrages où l'on trouve le plus de vers à retenir, sera encore relu par moi, et au moins deux fois chaque année; mais je repousserai les *Trois Règnes* qui n'offrent que des morceaux de prose et cousus et rimés; j'écarterai également la traduction de l'Énéide, également celle de l'ennuyeux poème dans lequel l'épisode le plus gracieux se trouve perdu au milieu des extravagances les plus folles et les plus rebutantes. En vérité, il fallait être bien tourmenté du démon de l'anglomanie, pour avoir la patience de faire parler en vers français les Astaroth, les Belzébut, et autres héros du *divin poème* du *divin Milton*. Hommes vraiment hommes, c'est à vous que je m'adresse. Dites-moi, si après avoir lu les beaux poèmes de *Rodogune*, et des *Horaces*, de *Britannicus*, et de *Phèdre*, de *Mérope* et de la *Henriade*, il est possible de se plaire à la lecture du *Paradis Perdu*, même traduit par Delille, c'est-à-dire embelli autant que possible.

J'ajoute, pour dernier correctif, que Delille était né poète, qu'il avait l'âme très-élevée, qu'il possédait le goût du beau, et aussi une sorte de tact qui ne cessa point de le servir dans le choix qu'il fit, pour les versifier, des plus beaux passages des ouvrages de nos grands prosateurs, qu'il a mis à contribution avec un bonheur égal, peut-être, à celui qui a mérité à Boileau le titre de législateur du Parnasse français.

Après cela, messieurs les enthousiastes, si vous n'êtes pas satisfaits, si votre indignation vous agite par trop, soulagez-vous, confondez-moi, terrassez-moi ; mais sachez qu'entendu par vous sur l'arène, vous m'entendrez encore vous dire, qu'il est permis de ne pas tout admirer dans Delille, et de lui préférer quelquefois la prose des Fénélon, des Pascal, des Buffon, des Jean-Jacques, des Bernardin de Saint-Pierre, qu'il a très-bien, mais très-inutilement versifiée.

Journal du Commerce ci-devant le Constitutionnel.

Trop brillant, et trop dangereux était son premier titre ; il a bien fait d'y renoncer. La politique est devenu une arme dangereuse à laquelle on ne saurait plus porter la main sans se blesser. J'ai dit, cela au Constitutionnel, il paraît qu'il y a eu égard, je l'en remercie pour lui, qu'il s'en tienne à cette chère littérature, c'est une bonne et sincère amie qui n'abandonne point dans l'adversité ; quant au commerce je n'en parle pas, on le connaît, il fait bon avec lui, n'en déplaise à certains plaisants qui se sont tro, amusés aux dépens des *calicots*, encore une fois,

La lettre tue et l'esprit vivifie.

Une extrême variété d'articles distingue le Journal du Commerce, rédigé maintenant avec sagesse, esprit et libéralité ; c'est à parler exactement le premier de nos journaux. N'en déplaise au fier Journal des Débats, qui va s'indigner de cette décision, laquelle n'est que juste. Je reviens au Journal du Commerce, contre lequel j'ai un petit grief, relativement à un objet de peu d'importance. Il s'agit de romans. Je dis donc que ce journal, incité par quelques libraires, a le défaut de vanter beaucoup trop les romans des dames anglaises, romans qui, comme les robes de ces dames, sont tous taillés sur le même modèle, il est permis à un Français d'aimer les Anglaises et même leurs productions ; mais il ne faut pas que ce penchant l'aveugle au point de reconnaître pour fictions très-ingénieuses, celles que prodiguent les Elisabeth de Bon, les miss Edgeworth, les Sophie Frances, et enfin les mille et une Romancières anglaises, irlandaises et écossaises, et se montrer indifférent pour les romans dont les héros ne sont ni des lords, ni des sir, ni des miladi, ni des miss. Qui aura un esprit vraiment national; si ce n'est le Journal du Commerce, et si des auteurs français ne trouvent pas des encouragemens près de lui où donc iront-ils en chercher? sera-ce près des rédacteurs du *Morning-Chronicle*, et du *Times*, non en vérité ; mais voyons: qu'est-ce qu'un roman anglais ?

C'est un assemblage de trivialités, de fadaises dignes d'amuser des petites fillettes de quinze ans; c'est un recueil de caquetages, de commérages ; c'est une éternelle et faible imitation *de la Clarisse du Tom-Jones*, et de la *Nouvelle Héloïse*. Ainsi qu'une nomenclature de noms baroques, et une galerie de petites esquisses qu'on est convenu d'appeler des portraits. Pourtant tout cela est prôné dans le Journal du Commerce, et alternativement avec les *éditions compactes*, effrayantes pour les mains de nos petits messieurs, et pour leur vue courte, malgré les lunettes et le lorgnon richement enchâssé. Je reviens aux romans anglais.

Ceux de la singulière et étonnante *Anne Radcliffe*, méritent une honorable exception. Ils attachent, touchent, et certes, les modernes romancières anglaises, travailleront encore long-tems avant de parvenir à faire oublier *Julia*, et la *Forêt*. Je sais qu'on est convenu maintenant d'appeler cela du triste, du sombre, de l'effrayant ; mais les âmes tendres, mais les personnes qui recherchent les livres attachants, proclament comme tels, ceux qu'a laissés *Anne Radcliffe*, et en font leurs délices ; elles les reprennent, et ne les quittent qu'avec l'idée de les reprendre encore. Un mérite réel, est donc caché dans ces productions ; le *je ne sais quoi* dont parlait Corneille et qu'il connaissait, s'y rencontre peut-être ? Ce qu'il y a de certain, c'est qu'il n'y a pas en France de cabinet de lecture, où ne se trouvent les productions de cette regrettable femme qui eut en partage le génie d'un Young, et la sublimité d'un Shackespeare. Les deux hommes peut-être qui, après Bacon et Newton, honorent le plus l'Angleterre.

Jardin du Luxembourg.

C'est là que pour la dernière fois, je me suis promené avec Anne Thérèse Richebourg, ma bonne, ma très-bonne, et très-tendre mère. C'étoit vers les cinq heures du soir, et à la fin de l'automne de 1811. Mon père, qui vit encore, donnait le bras à ma femme et moi à ma mère; mes enfans suivaient en folâtrant. Ce jour-là, ma mère était parée, mais selon son état, duquel il ne lui prit jamais envie de sortir. Mon père et ma femme allaient bon train, ma mère et moi nous marchions à petit pas, en nous parlant et en nous regardant, il lui prit envie de s'asseoir, je la conduisis vers un banc de pierre aux extrémités duquel se trouvaient deux vases qui contenaient des *croix de Jérusalem* en fleurs. Mes marmots nous voient ; leurs regards interrogent les miens, qui leur répondent de suivre les deux autres personnes et de nous laisser. Ils obéissent, c'est leur usage, et nous voilà seuls ma mère et moi.

J'ai des pressentimens de mon sort, me dit ma mère, je m'éteins peu à peu : vois mes mains comme elles se déssèchent ; vois la maigreur et la pâleur de mon visage, mon fils, mon cher fils, il faut nous quitter, il me faut te laisser, lorsque je te vois surchargé d'une nombreuse famille, et sans fortune pour l'élever ; c'est là ce qui m'afflige, et ajoute aux tourmens que me cause la cruelle maladie qui, je le vois, va me conduire au tombeau ; Dieu m'a accordé deux enfans, deux fils · l'un est en Russie, et m'y oublie peut-être ; l'autre est près de moi, et je tremble qu'il ne soit malheureux. Je vois, ajouta ma mère, avec un accent prophétique, je vois la France menacée, des légions d'ennemis, vont de toutes parts fondre sur elle, pour la punir de ses succès, vois-tu ce ciel rougeâtre, ces nuages empourprés, signes de désastres, des flots de sang français couleront sur le sol de la France. Je te le dis mon ami, *je suis contente de m'en aller.* — Ah ! ma mère, ma mère, vous me désespérez, pouvez-vous... — Oui, je suis contente de m'en aller. J'avais fondé toutes mes espérances sur mes deux fils, les voir bien établis était mon désir, je mettais là toute mon ambition; mais tu n'as pas suivi mes conseils, ta passion pour les lettres t'a distrait des emplois et des travaux lucratifs. Te voilà père de sept enfans, et de plus tourmenté du désir de te faire un nom. Mon fils, tu t'abuses, t'égares!—ma mère, ma bonne mère.—Tu cours à ta perte; tu regretteras un jour de n'avoir pas suivi mes conseils. — Croyez que s'il était en mon pouvoir.—Pourquoi cela n'y serait-il pas ? lorsqu'après avoir, et malgré moi, joué pendant dix ans la comédie en France et en Italie, tu revins à Paris pour débuter sur la scène française, ne te montras-tu pas docile à mes avis ? je te commandai de quitter le théâtre, et tu le quittas. Je lacerai tes costumes, je jetai au feu brodequins, cothurnes et galon faux, et tu n'en murmuras même pas, pourquoi aujourd'hui te montres-tu rebelle, ne suis-je plus ta mère, ai-je perdu de mon pouvoir sur toi ?... Mon fils les lettres sont des Syrènes dont les chants te charment, mais pour te perdre. Ces perfides te promettent la gloire, et te livreront à la misère. Crois en ta mère, reprends le tablier et travaille. —Oh ! ma mère ! — tu rougis, il est donc vrai, tu as honte de ce qui est utile et honnête, oh ! combien je te plains, tu pleures, allons, allons calme-toi et rejoignons ton père, que je vois folâtrer là bas avec toute ta marmaille. — Allons. — Allons. —Vous n'avez pas reçu de nouvelles de mon frère ? — non, il fait comme toi, il ne me donne que du chagrin, — ah ! ma mère.... — Pourtant je ne suis pas inquiète sur lui, comme je le suis sur toi. Il a un bon état, il est garçon, et se suffira toujours ; mais toi avec tes lettres !... mais laissons cela ; aussi bien, voilà que l'on vient au-devant de nous, ne dis rien à ta femme de notre conversation, entends-tu ?.. — Non rien, — donnes-moi ton bras que je m'appuie dessus, et promets moi de songer à mes avis. (Ainsi me parla ma mère.)

De retour de cette promenade elle se mit au lit pour en être enlevée trois mois après, par la redoutable mort. J'ajoute que mon inscription de quinze cent francs vient de ma mère, qui s'est vengée de ma désobéissance en m'assurant du pain, ainsi qu'à ma famille. O vous! qui aviez une aussi tendre mère et qui l'avez perdue, joignez vous à moi, et pleurons.

Réparation authentique.

Une personne connue, et généralement estimée, ayant appris que j'avois essayé de la peindre sous le nom *d'Orsenne*, m'en a témoigné son mécontentement par la lettre suivante; cette lettre comme on va le voir, répondait en outre, à une sorte de défense, ou justification que j'avois adressée, et qui ne fut point jugée valable.

« Votre lettre, mon cher Clairval, me donne une nouvelle preuve de vos bons sentimens, preuve qui ne m'était pas nécessaire, je n'en ai jamais douté. Ce n'était pas sur vos intentions, qu'il fallait me rassurer; vous prenez le change sur mes appréhensions, ou je me suis mal expliqué, ce n'est pas même sur l'exécution que j'ai des craintes, mais sur l'effet de vos bonnes intentions, qui de vous, de moi, de nous tous, peut prévoir l'effet qu'un éloge presque direct, peut produire sur le public curieux ou capricieux; ce que vous aurez fait dans la sincérité de votre âme, et dans la chaleur du sentiment, sera mal pris ou défiguré ou bafoué par quelque journal; j'aurai l'air d'avoir mendié vos éloges, et vous n'aurez été qu'un mercenaire.

« Je ne prétends avoir conservé sur vous aucune autorité, mais j'ai bien, quoique vous en disiez, la propriété de ma petite réputation, de ma personne, de mes habitudes, de ma manière d'être enfin ; je ne puis être troublé dans tout cela, que par un attentat très-réel, quoique très-ordinaire. Je ne dois pas le craindre de vous. Vous n'avez aucun droit de me traduire en public contre ma volonté. Je vous demande donc de nouveau, et très-instamment, d'ôter de vos ouvrages actuels et futurs, non seulement toute désignation, mais même toute allusion à ce qui constitue ma personne. Je serai beaucoup plus sensible à cette marque de déférence, et je la regarderai comme l'expression la plus vraie, de vos sentimens, que tout éloge imprimé, direct ou indirect, attendez que je sois enterré ou disgracié ; vos éloges alors, pourront m'être aussi utiles, qu'ils seront honorables pour vous, »

Je vous renouvelle l'assurance de mes sentimens etc.

ORSENNE.

Jardin des Plantes.

De toutes les fondations ou établissemens créés par l'orgueil humain, voilà le plus utile. Combien il est attrayant ce rendez-vous de tous les végétaux, et de toutes les richesses de la nature, que l'ordre qui y règne est admirable ! quel ravissant spectacle il offre, après celui de la modestie, et de l'urbanité des chefs de l'établissement ; ils ne s'agitent point, ne s'intriguent point ces vrais savans, on ne les voit point dans les antichambres des grands y attendre audience, à l'exemple de certains solliciteurs : non, ces hommes graves, austères pour la plupart, se tiennent dans leur cabinet de travail avec les Aristote, les Pline, les Linnée, les Buffon et les Lacepède; ou bien, vous les voyez errer au milieu des plates bandes, ou parmi les détours du charmant labyrinte, et sous l'ombrage du Cèdre qu'apporta du Liban, l'immortel Tournefort. Chacun de ces savans a sa demeure dans la vaste étendue de l'établissement, dont la prospérité l'intéresse à tant de titres. Une vie égale, douce, assez semblable à celle que ne cessa point d'envier Rousseau, qui sans doute méritait bien aussi d'avoir sa maisonnette dans le Jardin des Plantes, c'eût été un acte de justice, le philosophe s'en fût contenté, il eût fait faire à la botanique qu'il idolâtrait, les progrès les plus heureux; son beau génie, en se rattachant aux sciences naturelles, eût perdu de son inquiétude, et le philosophe qui a tant fait de bien aux hommes par ses écrits, n'eût pas été réduit à chercher en cent lieux différens, ce bonheur dont il était avide et qu'il ne savait où trouver; à combien peu, tient le sort de l'homme! le bien-être dont Rousseau était digne, on le lui refuse; les bonnes intentions qu'il manifeste, on les envenime; et celui qui ne sut ni haïr, ni nuire, ni mal faire, est banni des sociétés humaines; il est réduit à aller chercher dans les forêts, dans les antres, dans les déserts, un asile; et sa sûreté, il la trouve, Frédéric le-Grand la lui procure. Oh! qu'il est beau d'être roi et philosophe en même tems!..

Dieu bon! Dieu juste, Dieu des peuples! toi qui juges avec indulgence les hommes que les passions tyrannisent, tu as sans doute dédommagé Rousseau, de tout ce qu'il a souffert ici bas.

Voyez-vous ces habitués du Jardin

des Plantes, ce sont pour la plupart des bourgeois retirés, des rentiers, comme moi, à la petite inscription. Comme ils n'ont ni la maisonnette, ni le jardin, ils viennent jouir de tout cela dans l'agréable enceinte du Jardins des Plantes, et sans s'y sentir tourmentés du démon de de la propriété. Ils foulent le sol et contemplent les objets; que leur faut-il de plus ? cela même est posséder. Nuls avantages plus grands ne sont réservés aux propriétaires. L'intendant, ou le gardien d'un domaine en jouit toujours bien plus que le maître qui vient y passer quelques heures, au milieu de l'inquiétude et des tourmens d'esprit que lui causent tous les vains projets, qu'il n'a pu laisser à la ville en la quittant.

Voyez-vous les plantes étiquetées et numérotées, voyez-vous ces berceaux, ces pépinières, ces rayons, ces couches, ces plates bandes; tout est donc leçons, instructions dans ces lieux. C'est donc là qu'il faut envoyer un jeune jardinier, un intelligent agronome, oui c'est bien là ; en deux ou trois stations il y apprendra ce qui lui importe le plus de connaître ; s'il est assez heureusement né pour y éprouver le besoin des avis et des conseils, il pourra les réclamer avec hardiesse et assurance, on s'empressera de lui réprondre ; et il ne se retirera pas moins émerveillé de la bonté des professeurs, qu'instruit par leurs leçons.

Hospice de la Maternité.

C'est après avoir lu et médité l'excellent ouvrage intitulé, *Rapport fait par le conseil général des hospices, par un de ses membres, M. Pastoret, sur l'état des hôpitaux, des hospices et des secours à domicile, à Paris,* que j'ai contemplé des hauteurs du Jardin des Plantes l'établissement nommé *l'Hospice de l'accouchement*, des larmes ont coulé de mes yeux. Le vice dans toute sa laideur s'est offert à moi, ainsi que le malheur dans tout ce qu'il a de pitoyable ; et certes j'avais bien mes raisons. Je suis père de sept enfans ; chaque jour, à chaque heure, de belles dames en entrant chez moi, s'y écrient: Ah! mon Dieu, que d'enfans, qu'elle fécondité règne ici !.. Et ma femme de rougir, et moi de lancer un regard de dépit sur ces belles dames qui ne font pas d'enfans et n'en veulent pas faire, mais qui cependant ne s'en trouvent pas moins très-bien de l'état de femmes, dont elles s'approprient tous les plaisirs. Voulez vous être honnis, bafoués, moqués, raillés ? ayez beaucoup d'enfans. De là tant de libertinage, tant d'avortemens, tant d'orphelins, tant de surcharge pour l'hospice

Tome II. P

de l'alaitement, ou de l'accouchement, ou de la maternité. La conscription pour homme a cessé, celle pour fille est en vigeur. Parcourez Paris, hommes sensés et réfléchis, comptez y les filles publiques, et frémissez à mon exemple; il est impossible de se faire une idée de ce qui s'y *consomme* de filles, et la consommation a lieu partout, depuis le coin de la borne jusques dans les mansardes : et je suis père et mortel, et j'ai deux filles, et je puis les quitter avant d'avoir pu leur inculquer les leçons de la sagesse; et leur mère peut leur manquer, ainsi que moi, d'un moment à l'autre. A cette idée ma poitrine brûle, mes membres tremblent, mes nerfs se crispent; je m'élance dans les bras de ma femme, et je pleure sur son sein. Filles publiques, filles malheureuses, qui chantez et vous enivrez ! lisez cet article, entendez l'hermite du marais, et abjurez votre infâme état; purifiez-vous de corps et d'âme, et fuyez loin de ce gouffre, où se trouve pour vous, des mépris, des maladies honteuses et cruelles, des maisons de réclusions, et enfin, *la Morgue* où chaque année, nombre de de vos pareilles sont exposées. O consommation de filles ! . . .

Sléwis.

Honneur aux hommes simples de mœurs, de mise et d'habitudes; mais lorsque avec cela ils font preuve d'un vrai et beau génie : oh! alors il n'y a rien au-dessus, il faut les contempler, les admirer bien franchement, et rendre grâce à Dieu d'avoir ainsi honoré la terre.

Sléwis a bien cinquante-cinq ans, il est de petite taille, mais il l'a bien prise, et agréablement proportionnée; sa démarche est simple et même un peu négligée; son air, son regard, son allure, sont bien d'un homme que les Italiens désignent au mieux, par ce mot harmonieux, *il peusuroso;* peu ou presque point de paroles, peu ou presque point de gestes; mais c'est pour cela peut être, que Sléwis, en se montrant dans une antichambre pour s'y faire annoncer, voit tous les domestiques se lever et voler pour ainsi-dire au-devant de son désir : ne croyez point que c'est le cordon que Sléwis a le droit de porter, ni ses autres décorations, ni son titre de duc qui produisent cet effet : non, c'est l'homme même, qui couvert, d'un vêtement noir bien sec, et dont nos petits Cotins rougiraient, que Sléwis commande le respect et excite le zèle, même des valets les plus frondeurs et les plus familiarisés avec les vices des antichambres; tels que la morgue, l'air moqueur, la fausse politesse, la prévenance intéressée, et le langage dépréciateur de tout mérite qui cherche à se produire.

Si vous rencontrez Sléwis dans les rues, ce qui arrive très-souvent, car il est grand marcheur, en dépit de sa voiture et de ses chevaux: c'est alors une autre allure. Il chemine sans voir autre chose que le pavé sur lequel son regard s'abaisse constamment, mais il n'est pas difficile de remarquer qu'il y a alors travail et tension d'esprit chez cet homme, c'est une pensée neuve qu'il moule, et à laquelle il donne, selon sa coutume, une tournure originale; et comme la marche donne réellement de l'activité aux idées, sans doute que c'est à elle, que Sléwis doit une partie de son utile recueil, qui sous le titre de *maximes et pensées*, offre mieux et beaucoup mieux assurément, que ce que nous a laissé le désespérant La Rochefoucault, dont le triste livre n'est bon qu'à humilier l'homme à ses propres regards, et même à porter le découragement dans les âmes les plus belles et les plus portées à la vertu : tout rapporter à la vanité est sans doute l'idée la plus fausse qui soit sortie d'un cerveau humain: aussi le livre dans lequel cette idée est delayée, se voit-il passablement négligé. C'est avec raison qu'on lui préfère celui du profond et sage Labruyère, le premier peintre du cœur humain, après Molière.

Il se pourrait que quelques personnes n'eussent pas connaissance d'un ouvrage intitulé, *Souvenirs et portraits*. Il faut les inviter à le lire, il y a dans ce livre de quoi contenter les goûts les plus délicats : c'est l'exquis du genre, et le faire d'un grand peintre. Les Titien ne le désavoueraient pas pour *leur* : c'est aussi par ce dernier coup de pinceau que nous terminerons le portrait de Slèwis, gloire de son siècle et digne ornement de la cour d'un roi très-chrétien, qui sait si bien reconnaître les hommes de talens et se les attacher.

Remarque.

Les Turcs sont campés en Europe, dit M. de Chateaubriand, dans son itinéraire. M. Daru dans son ouvrage sur l'administration de la guerre, réplique; *et c'est parce qu'ils y sont campés, qu'ils y resteront long-tems.* L'avenir nous apprendra lequel de ces deux hommes supérieurs a su mieux voir et conjecturer.

Pauvre insolent.

Quel est cet homme qui m'arrête au milieu du chemin, et qui me demande l'aumône avec l'audace d'un créancier qu'on aurait long-tems abusé ? c'est un pauvre non honteux, mais déhonté. Il a à peine quarante ans, sa poitrine est velue, ses bras sont nerveux, ses épaules sont larges, et large est sa carrure qui repose sur deux forts piliers bien proportionnés. Le regard de cet homme est féroce, féroces aussi sont ses traits : il y avait là, de l'étoffe pour faire un véritable homme utile par son travail; mais une âme vile logée sans doute dans ce corps, la *anihilé.* Où le mal a-t-il commencé ? est-ce dans le sein maternel, est-ce en croissant au milieu de sa famille, est-ce en s'en éloignant, et dans la société des méchants et des pervers ? ne serait-ce pas la paresse qui aurait tout fait pour le pis ? la paresse si funeste, et la source de tant de crimes, de tant d'intrigues, de bas emplois, de complots, de conjurations, de forfaits de toute espèce? Rois de la terre, déclarez la guerre aux paresseux, car ils sont les vrais ennemis de toute société, les fléaux des peuples, les pestes publiques: guerre donc aux paresseux; mais guerre à mort : ils ne pourront en murmurer, puisque leur inutile vie est l'image de cette même mort; c'est donc les servir selon leur goût, que de les livrer à ce *fare niente* qu'ils chérissent tant.

AFFICHES DE SPECTACLES.

Opéra

La Vestale, *opéra en 3 actes, par M. Jouy.*

Ingénieux auteur. O Jouy ! n'est-il pas vrai qu'il y a plaisir à triompher alternativement à la Chaussée-d'Antin, comme hermite, et comme poëte au Théâtre Français et à l'Opéra ? et si l'on ajoute que la même personne a voix délibérative à l'Académie française, à la rédaction de la Minerve, on conviendra que de tels littérateurs peuvent contribuer à sauver au 19ᵉ. siècle, le reproche de stérilité, que lui adressent malignement certains messieurs dépréciateurs du présent, et toujours prêts à opposer les morts aux vivans, uniquement pour le plaisir d'humilier ceux-ci, et de briller par antithèses.

Le Rossignol, *opéra en un acte*. Ce n'est pas le premier de tous les rossignols, puisque dans le Dictionnaire dramatique, on en compte trois ou quatre qui sont antérieurs à celui que fait chanter monsieur Etienne. Mais qu'importe, n'y a-t-il pas des nouvelles générations d'oiseaux, comme de nouvelles générations d'hommes? L'essentiel est de se montrer vrai rossignol, en chantant bien. L'auteur de cet opéra est un des hommes qui honorent le plus ce siècle. Les talens de cet écrivain sont connus ; mais ce qui ne l'est pas encore assez, et doit l'être bientôt ; c'est la force, la puissance de sa dialectique. Depuis les admirables articles de Bayle, on n'avait rien lu en France d'égal, aux *Lettres sur Paris* qui paraissent dans les numéros de la Minerve française, ouvrage tout politique. Ce qui me fâche un peu, et me fait désirer que des littérateurs veulent enfin ne pas tout-à-fait oublier la littérature leur mère nourrice : il y a à cela, je le déclare, une sorte d'ingratitude.

THÉATRE FRANÇAIS.

Mahomet et les Plaideurs.

Vive les auteurs morts ! Ils ne réclament ni dixième ni vingtième de recettes. Il y a plaisir à traiter avec eux. Oh ! qu'il est dur, oh ! qu'il est ennuyeux d'avoir loge aux Français, pour y voir toujours les mêmes pièces, tantôt bien, tantôt mal jouées, selon la disposition morale ou physique de monsieur tel, ou de mademoiselle telle, qui, si c'est son jour de vapeurs, s'écriera en mettant le pied dans sa loge pour s'y habiller: « Quel état que celui qui condamne, sous peine du sifflet, à avoir à sept heures du soir, de l'âme et du talent ! » Passons aux *Plaideurs.*

J'en demande pardon à Racine, ainsi qu'à l'auteur grec qui lui a fourni le sujet de sa pièce, mais il n'en est point de plus niaise, de plus indigne des spectateurs français, que cette prétendue comédie trop bien versifiée. *Les Plaideurs!*.. vous vous extasiez devant cela, vous vieux amateurs ; vous voulez nous persuader qu'il y a du mérite, et force atticisme ; vous y découvrez toujours de nouvelles finesses, de nouveaux traits, de plus en plus comiques, eh ! franchement, il vaudrait mieux repousser cette vieillerie, et remettre au courant du répertoire ces jolies comédies que le comité du Théâtre français tient sous la clef. Oh ! que c'est bien là qu'une bonne réforme serait nécessaire, quel tribut de reconnaissance ne devront pas les modernes Athéniens, à celui qui, pour prévenir la décadence de l'art dramatique, songera à donner de l'émulation aux comédiens français, attaqués, comme de concert, d'une certaine maladie que l'on peut appeler celles des *trop heureux.*

Alors paraîtront plusieurs pièces nouvelles. Alors les dépréciateurs pessimistes, ne seront plus en droit de dire : « Nous n'avons plus d'auteurs tragiques, l'art est perdu, tous nos génies modernes sont frappés de stérilité. » On reconnaîtra que c'était l'émulation qui manquait aux *comédiens sociétaires*, et non aux auteurs, le zèle, l'émulation, et l'amour de la gloire, qui est et sera toujours dans leurs cœurs. Rien ne dégénère en France, où les progrès des lumières ont su conquérir une *charte.*

THÉATRE FAVART.

Les deux Philibert. Le Conteur. Par M. Picard.

Eh ! vive monsieur Picard, qui maître chez lui en fait les honneurs, et les fait bien, comme tout ce qu'il tente et entreprend. A sa place et doué de ses talens, je me conduirais de même. Il faut jouir, user de tous ses moyens et de tous ses droits. On n'est ici bas que pour un tems, et très-court: un poëte comique connait et peint les mœurs; mais ce n'est pas tout, il est homme, il a ses intérêts pécuniaires à soutenir, et comme auteur, ses succès à soigner. Si par un bonheur peu commun, des recettes abondantes justifient une telle conduite, on peut croire alors que cet auteur agit conséquemment. Ce qui ne dit point que ceux qui voudraient l'imiter, réussiraient de même, et auraient pour eux les rieurs et les railleurs, sorte de gens que très-difficilement on se rend favorables.

THÉATRE DE L'OPÉRA-COMIQUE.

Joconde et Félicie.

Joconde. Le sujet n'est pas bien neuf, non plus que celui de Cendrillon, non plus que le Rossignol. Mais qu'importe à qui sait broder sur toutes sortes d'étoffes, et embellir tout ce qu'il touche. Puis quand on a un nom de fait, puis la vogue, puis des amis, puis des clients, puis de la musique pour accompagner les paroles, on fait passer bien des choses. Ce que je dis là, Beaumarchais l'a dit à sa manière; je le redis à la mienne, et j'ajoute, que dans ce monde il n'y a qu'heur et malheur. Un petit lettré sans nom, présentera à l'un des acteurs du théâtre de l'Opéra-Comique, une pièce en trois actes; cet acteur la parcourra et la remettra à un certain signor *Camérani*, d'italienne mémoire, lequel signor lira l'ouvrage et *voudra bien* recevoir l'auteur, à qui il dira, en grimaçant la franchise : C'est assez bien, j'en suis content ; mais changez telle scène, ajoutez en une à tel acte, refaite tel morceau de chants, recopiez le tout proprement, et me l'envoyez, cela marchera. L'auteur ébloui, s'empressera de remplir les intentions del signor Camérani, qui l'accueillera de nouveau, relira avec lui, en s'écriant : *bien, très-bien, charmant;* et toujours à l'italienne, puis à l'italienne aussi, il ajournera l'auteur, à qui il dira : « Enfin, *cela n'a pu convenir, nous nous sommes trompés tous les deux*, le comité a mieux vu, mieux jugé et s'est montré plus sévère. Un comité composé de huit à dix membres, se rend mieux compte, et est presque infaillible. Ses preuves sont faites. » Alors l'aspirant déçu reprendra son manuscrit, en se promettant bien de ne plus s'en fier aux encouragemens des Italiens démonstratifs, et aussi, de ne plus aller niaisement frapper à des portes d'administrations qui ne sont ouvertes qu'à deux ou trois auteurs.

Félicie. Ah!.. elle est d'un heureux aussi cette pièce: grade, honneurs, décorations, tout est là, pour prouver qu'on n'est pas plus heureux que l'auteur de *Félicie*; mais aussi, on ne saurait mieux mériter de l'être. C'est l'auteur gracieux, le protégé des grâces et du public; c'est aussi l'homme qui sait le mieux mettre à profit le tems, ainsi que je vais le prouver par la petite anecdote suivante:

Il y a deux mois, vers les huit heures du soir, je suivais dans toute sa longueur la vaste chaussée qui coupe en deux parts le marché Saint-Honoré. Tout-à-coup je vois passer près de moi, un jeune et joli officier de la garde nationale ; je reconnois l'auteur de *Félicie*. Il rêvassait, puis gesticulait, puis se frottait les mains : il est heureux aussi, me disais-je, en me frottant les mains aussi, mais moins gracieusement, et comme on se les frotte au Marais, où l'on n'a que de petites joies, des petite félicités, ainsi que vient le prouver, avant de se mettre en voyage, *l'Hermite de la Guiane*, qui va courir la province, sans trop s'écarter pourtant de la rue des Trois-Frères, où se trouve située sa retraite vraiment philosophique, et où quelquefois des jaloux, des moroses, des pessimistes, lui adressent des injures et des froides plaisanteries, assez semblables à celles dont Jean-Jacques Rousseau était sans cesse accablé, le tout par zèle et par reconnaissance. Mais revenons à l'auteur de *Félicie* que j'ai laissé au milieu du marché Saint-Honoré, dont alors, et au clair de la lune, il faisait son parnasse. Je l'avouerai, je me sentis ému à son aspect, me rappelant qu'à certain jour, reçu chez lui, il m'y avait laissé voir un naturel heureux, un ton de franchise, rare dans un homme de lettres en titre, lorsqu'il converse avec un petit rentier du Marais. Et enfin, une familiarité honorable pour celui surtout qui s'y livrait, lorsqu'il aurait pu trancher de l'homme d'importance.

Je tournai donc trois fois la tête sans parler pour me faire connaître, même sans saluer, ne voulant pas déranger l'auteur inspiré. Mais charmé de son amour pour son art, autant que sa constance à le cultiver, je lui souhaitai du plus profond du cœur, une continuité de succès, ce qui en effet a lieu, et me cause une joie très-vive et très-pure. Quant aux Camérani, Dieu leur fasse paix; mais qu'il lui plaise de ne plus en peupler les administrations théâtrales. Mieux vaut encore le redoutable, le terrible *comité de l'Odéon*, et les petites *notes magistrales* de ses honorables et infaillibles membres.

THEATRE DU VAUDEVILLE.

La Vallée de Montmorenci.
Le Fandango.
M. Guillaume.

Ah! voila un joli spectacle, bien selon mon goût. J'irai là ce soir, j'y verrai la ressemblance de mon cher Rousseau, grâce aux talens de l'acteur chargé de représenter l'homme de la nature et de la vérité; j'aurai une bonne heure de douce joie, de secret contentement. Honneur à *Barré*, *Radet*, *Desfontaine*, ils avaient de l'esprit aussi, aussi ils savaient faire un vaudeville, et surtout le rendre intéressant; le couplet n'était pas tout pour eux, ils voulaient de l'action, une fable. Combien de jolis bijoux ont été taillés par ces habiles lapidaires.

Le Fandango, charmant ouvrage, où l'on se permet de plaisanter sur les danseurs, qui, en carosse, courent le cachet. Je connais des coiffeurs qui ont le cabriolet, et qui chemin faisant, jettent de la boue, au visage de monsieur Raynouard, qui va à pied, depuis l'Institut jusqu'à Passy.

M. Guillaume. C'est à-dire, *Monsieur de Malesherbes*, homme immortel, qui rappelle toutes les vertus, et aussi quatre lettres que Jean-Jacques écrivit au magistrat du même nom. Lesquelles lettres sont d'un intérêt très-touchant; pour s'en convaincre, le lecteur peut les chercher dans le recueil de leur auteur; plus il sera sensible, plus elle lui plairont.

THEATRE DES VARIÉTÉS.

Le ci-devant Jeune-Homme.

Le Sourd, et le Désespoir de Jocrisse.

Ce spectacle n'est pas pour me plaire, je suis déjà *ci-devant jeune-homme*; déjà je commence à me dire comme Lafontaine, et tristement,

Ai-je passé le tems d'aimer ?

Le Sourd, ou l'Auberge pleine. Brunet a acheté cette pièce pour lui, pour s'y livrer à la charge, pour pouvoir débiter force colibets, jeux de mots et calembourgs. J'ai vu commencer Brunet au théatre de la Cité; là petit garçon, il sollicitait pour obtenir des bouts de rôles, il s'inclinait devant les auteurs; pour qu'il l'aidassent à se produire, ce qu'ils ont fait avec empressement; et moins pour lui que pour eux, car on sait quel motif excite le zèle d'un poëte, lorsqu'il travaille pour un comédien. Brunet s'est produit, il a plu et plaît encore, il dirige, parle en maître, reçoit ou refuse, a une cour, un lever, un coucher, un hôtel, une maison de campagne, une demi-fortune, des chevaux et des gens; ce qui prouve que ce niais n'est pas si bête qu'il en a l'air. Il a l'esprit d'ordre, le premier et le plus utile de tous; il économise, songe à l'avenir; enfin il se prépare peu à peu à pouvoir rire à son tour de ceux qui ont tant ri de lui. Volange qui se croyait son maître, n'en savait pas tant, puisqu'il est mort de misère. Pourtant quelle vogue a eue cet acteur! combien de pièces d'or, Janot lui a values! *Janot,* long-tems la coqueluche des belles dames de Paris, *Janot,* dont l'auteur, nouveau Vadé, s'est éteint tout récemment au milieu de l'indigence la plus grande et de l'oubli le plus profond.

Désespoir de Jocrisse. Cette pitoyable charge, est aussi de Dorvigni, auteur de Janot. Ce malheureux ne cessait de se traîner dans la fange des halles ; chaque cabaret devenait son bureau de travail ; des harangères et des écosseuses étaient ses muses inspiratrices. Aussi qu'est-il resté de lui ? rien ; que restera-t-il des *Butteux* qui marchent sur ses traces ? rien : ils ont des talens, et se perdent par eux ; ils veulent faire rire, et cesseront de se faire estimer.

THÉÂTRE DE LA PORTE SAINT-MARTIN.

7 *Mai* 1818.

Les Originaux au café.

La Brouille et le Raccommodement.

Susanne et les Vieillards.

DÉBUT DE POTIER.

J'ai dit que Potier en quittant les variétés pour entrer au théâtre de la Porte-Saint-Martin, n'avait fait que changer de boulevard. Je dis maintenant qu'il peut avoir fait une démarche inconsidérée. On va essayer de le placer dans de grandes pièces, et il y sera comme perdu; il y aura deux à trois scènes, et y fera peu d'effet: ses moyens d'exécution s'y épuiseront par l'effort, et l'artiste y perdra. On fera des vaudevilles, ou des comédies pour Potier, mais quelques-unes de ces pièces se trouveront ou faibles, ou mauvaises, et ce sera autant d'échec pour l'acteur. Enfin, le voilà dans une *grande administration*, où sans doute on ne s'occupera pas toujours de lui ; il en concevra du dépit, il rompera son engagement, et songera à mettre le pied sur la scène française. Voilà ce qu'il lui convenait de faire d'abord, voilà où je voulais en venir, voilà où je voulais amener Potier. Les rôles de premier, ou même de second comique, voilà ce que Potier devait ambitionner en quittant les Variétés. Cet acteur a de l'aisance, de l'aplomb, de l'originalité ; il fallait porter cette réunion d'avantages où elle pouvait valoir tout son prix, et non pas se rendre à la rue de Richelieu, par la Porte-Saint-Martin, ce qui est un trop long détour.

Le théâtre de la Porte-Saint-Martin

est beau, trop beau pour une administration particulière. Les frais de représentation à ce théâtre sont énormes. Là, il faut plus de comparses, de figurans, de garçons de théâtre, de rouages, de poulies, de trappes, de quinquets enfin, qu'à aucun autre théâtre. Si les recettes y sont aussi plus fortes et dans la proportion des frais et des dépenses, je m'en réjouis pour l'administrateur, qui a eu le courage de ne point reculer contre une telle entreprise, et même de la rendre à la fois utile et glorieuse.

Je n'ai encore rien dit des acteurs de ce théâtre; j'attendrai, je différerai un peu, j'ai mes raisons pour cela, que je ferai connaître plus tard. Je brusque la transition, et j'arrive de suite aux ballets pantomimes, ce genre que j'affectionne, plaira toujours ; les Italiens y excellent, leur vivacité y triomphe, les incidens s'y multiplient avec une admirable variété, vous n'êtes pas un seul instant dans l'incertitude, la musique vous explique tout, et bien mieux que ces tableaux, qui déroulés niaisement, vous rappellent ces bandes de papier, ou devises, que les peintres des 14e et 15e siècles, faisaient sortir de la bouche des personnages qu'ils représentaient : on voit qu'à cette époque les plus grands peintres en étaient encore réduits à l'enseigne.

THÉATRE DE L'AMBIGU COMIQUE.

Le Fils Banni, mélodrame en 3 actes.

Le Fils Banni. Voilà bien certainement le meilleur ouvrage que ce théâtre ait reçu ; ôtez à cette pièce la musique qui en trouble et en morcelle l'action, et vous aurez un drame fait pour aller de pair avec ceux de *Diderot*, de *Beau-*

marchais, et de *Mercier*. Grévin était très-bien dans le rôle du Fils Banni, et très-bien aussi était, dans celui de *l'Amoureuse*, l'intéressante Adèle Dupuis. J'aime ces deux jeunes artistes ; je les ai vu naître pour ainsi dire, et mon regard les suivra toujours complaisamment partout où ils leur prendra envie d'aller. Pourtant, qu'ils se gardent bien de s'éloigner de la capitale. Ils ont quitté l'Ambigu, les voilà à la Gaîté, ils se rendront au *second théâtre Français*, pour arriver enfin, et demeurer au premier. Voilà le chemin que je leur trace, il est un peu long et tortueux ; mais s'il le suivent, ils n'auront pas à s'en repentir. Il leur faudra, comme par le passé, prendre pour guides, l'amour de l'art et la persévérance.

Dans le *Fils Banni*, il y a un *père noble*. O ! habitués de l'Ambigu, vous ne savez pas le distinguer du commun des acteurs de boulevard; pourtant regardez-le bien, il a la taille belle, la démarche noble et assurée, sa diction est soignée, son aisance en scène est remarquable. Cet homme se nomme *Villeneuve*, à seize ans il débuta dans *l'Amour Quêteur*, charmant ouvrage de Laujon. A vingt-deux ans il commença à suivre dans ses *tournées lucratives* le fier et superbe *Larive*, qui, en paraissant sur le théâtre d'une ville de province, était bien aise d'avoir pour y être secondé, ce que l'on appelle un *bon jeune premier*. On voit que Larive, fort de sa supériorité, ne croyait point, et dans l'intention de briller seul par elle, devoir ne s'entourer que de comédiens médiocres. Ceci est bon à apprendre à quelques uns de ses successeurs. Je reviens à *Villeneuve* qui n'a jamais voulu se résoudre à devenir la doublure de ces messieurs, qui sans doute l'auraient trouvé trop étoffée : il savait que la plupart d'entre eux sont accoutumés à préférer la serge au drap.

Villeneuve après s'être montré avantageusement sur les principaux théâtres de France, s'est fait directeur de ceux de Dijon et de Besançon ; là, il a régné théâtralement pendant quelques années, recueillant à la fois et des applaudissemens mérités, et des recettes assez abondantes ; mais les revers sont venus accabler le comédien directeur, qui, un peu ami des plaisirs et de la joyeuse vie, en a dit franchement son *meâ culpâ*, a abandonné sa direction, et s'est pourvu d'un directeur. Corse ; d'honorable mémoire, fût le sien ; et depuis ce temps, le ci-devant amoureux de quinze ans joue à l'Ambigu, les pères nobles et les raisonneurs qu'il devrait jouer sur la scène française, si tous les appelés étaient élus ; et si là, comme ailleurs, le mérite suffisait pour parvenir.

Mademoiselle Lévéque a une belle tenue, une parfaite entente de la scène; sa diction est sage, son jeu est bien soutenu; c'est assurément la première actrice des théâtres du boulevard, elle y sera difficilement remplacée.

M. Fresnoy est plein d'âme, de chaleur, et de verve scénique. Il n'a manqué à cet acteur pour arriver au premier rang, que d'y être conduit par un *Monvel* ou par un *Dugazon*, et de réciter les vers des Corneille, des Racine et des Voltaire : au lieu de la prose des Pixerecourt, des Caignez et des Frédéric. C'est peu d'avoir la voix belle, il faut encore l'exercer sur de bonne musique

Christmann, grand et beau jeune premier qui a besoin de beaucoup travailler; son organe est vraiment voilé, c'est un défaut de la nature, l'art n'y peut que jusqu'à un certain point. Il est tems que cet acteur s'aperçoive que les avantages dont il est pourvu, peuvent contribuer à le sortir du vulgaire des artistes. Donnez à Michelot le physique de Christmann, et vous n'aurez jamais eu de plus beau tragédien : mais à ces mots, Christmann rougit, frémit, se dépite; il faut le calmer un peu. Je déclare donc qu'il a fait preuve de quelque talent dans le rôle de Belgrave, d'*Amanda*, dans Philippe, de la *Sœur Rivale*, dans Clarence de *M. Botte*, et dans Sirval de l'*Heureux Hasard*. Parler ainsi, ce n'est pas, je pense, porter le découragement dans l'âme du jeune artiste. Christmann, j'apprends que vous vous êtes donné un maître. M. Corsange, ami de Monvel doit rencontrer en vous un zélé néophite.

Raffile, le doyen des comiques du boulevard du Temple : son jeu a trop d'uniformité, sa voix est criarde et glapissante. Voilà pour les défauts. Passons aux avantages : beaucoup de gaieté, d'ilarité, un masque excellent, de l'aisance, et cet art si nécessaire de bien remplir la scène par une pantomime soutenue et animée.

Klein, comique vrai et naturel, et qui pourra quelque jour se montrer avec avantage sur les théâtres du premier ordre. Cet acteur qui ressemble un peu à Dozainville, un peu à Baptiste cadet, a un excellent masque, et par fois de l'aplomb ; il tient bien la scène qu'il échauffe par la vivacité de son jeu ; mais sa diction est négligée, sa voix s'élève trop, et s'éraille ; quelquefois aussi en visant à l'effet, il le manque ; mais lorsqu'il se possède, se tient en garde contre lui-même, il satisfait. Les plus petits rôles lui sont favorables par la manière originale dont il les joue.

Stoklei fils ; ce jeune homme est aussi appelé à l'emploi de comiques ;

il a de la chaleur, de la verve, du mordant, et cet air spadassin qui convient dans nombre de rôles; mais il lui reste aussi à soigner sa diction, à se montrer sobre de gestes, à moins piétiner, et surtout à éviter la trivialité, qui ne convient qu'aux tréteaux qui sont dans le voisinage de l'Ambigu.

Mademoiselle Éléonore, gentille petite personne, qui depuis quelque tems a fait d'heureux progrès. Elle a de la finesse dans le regard, de la vivacité dans le jeu, elle est aussi mieux dans la comédie que dans le mélodrame. Le rôle de *Lise* dans la comédie de l'*Heureux Hasard*, lui a révélé un secret qu'il importait qu'elle connût. C'est que l'aisance que donne *le tablier*, lui est très-favorable; et qu'enfin, cette actrice est appelée à jouer les soubrettes. Il faut aussi lui recommander la diction : sans cela, point où jamais de succès. La jeunesse passe, la gentillesse s'évanouit, mais la diction que l'on a soignée reste, et tient lieu de tout. C'est par la diction qu'un acteur captive le public, c'est par elle que Monvel a balancé la réputation des Molé et des Grand-Val. Elle est pour le comédien, ce que le style est pour l'écrivain.

Sallé, acteur utile et qui ne gâte rien. Son zèle est infatigable, c'est un de ces hommes dont les directeurs savent tirer bon parti, et fourer partout, pour faire tout aller.

Mademoiselle Le Roi, de beaux traits, une belle taille, de la noblesse dans le maintien. Voilà les avantages : c'est avec peine que je vais aborder les défauts. Un organe peu agréable et sans modulation, le retour fréquent des mêmes gestes, la pantomime des rôles trop négligée; malgré cela il y a beaucoup à espérer de cette actrice, qui dans *Sa-*

phira s'est élevée au-dessus de ses moyens ordinaires. Je souhaite qu'il lui soit souvent accordé de semblables rôles, et que je me voie contraint à me rétracter sur ce que j'ai dit ici de peu flatteur, mais sans mauvaise intention.

Le progrès de l'art, avant l'intérêt privé de l'artiste; tel est pour moi le vrai motif déterminant, c'est celui de tout critique qui se respecte. Oh! si jamais je suis appelé à siéger dans quelque rédaction, j'y étonnerai bien du monde, j'y dirai *la vérité, rien que la vérité, malgré les bourriches, les beaux yeux*, et les *titres*.

Mademoiselle Palmire : trop de timidité nuit au développement de ses moyens, elle a de la tenue, un organe doux et flexible, mais il lui manque cette heureuse hardiesse, sans laquelle on ne peut réussir dans un art, où l'on n'a pas trop de tous ses avantages pour plaire, séduire et captiver. Au théâtre, comme dans le monde, la fortune favorise l'audace; mais en voilà assez sur les auteurs et les actrices; abordons les administrateurs et les directeurs. Corse n'est plus, c'est un homme vraiment regrettable ; on se souviendra longtemps de lui, il a laissé un joli troupeau de jouvencelles, dont le théâtre n'aura rien.

Son successeur vient de se signaler par une dépense dont le public lui sait gré. La salle de l'Ambigu est maintenant une des plus agréables et des plus élégantes de Paris. La main qui a exécuté tant de jolis choses est sans doute habile. Les lieux ne sont rien pour le talent; partout où il se montre, il se fait reconnaître et admirer. Michel-Ange, dans les petits appartemens de Laurent de Médicis, laissait déjà voir et distinguer le génie étonnant, que la plus grande gloire attendait au sein de la fameuse basilique de Saint-Pierre de Rome.

Quatrième acte des Machabées, clair de lune du Songe ! Vous avez excité une sorte de fierté dans l'âme de tout habitant du Marais ; ses jouissances égalent maintenant celles de tout habitué de l'Opéra.

THÉATRE DE LA GAIETÉ.

Le Chien de Montargis.

Les Filles mal gardées.

Les Maîtresses Filles.

M. Pixerecourt a cru devoir pendre une préface au cou de son Chien : il pouvait s'en dispenser ; le mélodrame n'en comporte pas. De même aussi il en a cloué une, en tête de son sujet chéri : de sa pièce patriotique, *Charles-le-Téméraire*, qui ne s'en est pas vu plus recherché pour cela. Toutes ces dépenses d'esprit sont perdues pour des gens accoutumés à passer, *préface, avertissement, avis au lecteur, introduction*; et qui dédaignant les *bagatelles de la porte*, veulent entrer, voir et jouir. M. Pixerccourt a fait beaucoup de mélodrames, il a attiré la foule, il peut l'attirer encore; mais si tout cela ne l'a pas enrichi, ou tout au moins mis à l'aise, je le plains bien sincèrement, il s'est donné beaucoup de mal pour rien. Il se peut, que quelques jeunes gens ou quelques pauvres diables d'auteurs, attachent un grand prix au succès d'un mélodrame; mais quant à moi, je n'envisage l'objet que pour son véritable côté avantageux, c'est-à-dire le profit. Si, à l'aide de six ou huit ouvrages de ce genre, vous pouvez vous faire inscrire sur le *grand livre de la dette publique*; oh! alors, augmentez le nombre de vos mélodrames, pour augmenter celui de vos inscriptions : sinon restez tranquilles; buvez, mangez, dormez, promenez-vous.

Les poëtes tragiques, à qui chaque jour vous enlevez de très-beaux sujets, vous détesteront et vous nommeront *profanes*. Les poëtes comiques qui ont joué jusqu'à *Socrate*, dans la comédie des *Nuées*, et *Rousseau*, dans la comédie des *Philosophes*, vous joueront à votre tour sous le nom insultant de *Mélodramaturges*; les Vaudevillistes vous perceront à jour avec leurs traits et leurs pointes. Voyez comme dans les *trois étages*, ils font paroître, et livrent à la risée du parterre, un pauvre auteur dramatique. Ce qui prouve bien que ces messieurs ne se regardent point comme tels. Viendront ensuite les Journalites, qui pour se donner un air de *hauts lettrés*, Vous traîneront dans les égouts de la littérature. Ce n'est pas que quelques uns de ces messieurs n'ayent aussi fait des mélodrames; mais que leur importe ! Rousseau nous a bien donné le sien, prose et musique, il est même prouvé que son *Pygmalion*, est le premier ouvrage de ce genre, bâtard et honni quoique couru. Donc, si l'intérêt ne vous porte à l'affectionner ce genre, abandonnez-le; faites des couplets, des bleuettes ou de la politique; lancez-vous dans le grand monde, mais en y paraissant, dites-vous noble, sans cela les belles dames vous traiteront comme un *Ducrai-Duminil*, qu'elles appellent *l'auteur de leurs femmes de chambre*, bien que cet estimable romancier puisse s'honorer justement de plusieurs productions, telles que de *Cœlina ou l'Enfant du mystère*, d'*Elmonde ou la Fille de l'hos-*

pice, et surtout, de la *Fontaine Sainte-Catherine*, ouvrage charmant et du plus touchant intérêt. Je reviens à l'affiche du théâtre de la Gaieté.

Maîtresses filles, *filles mal gardées*, voilà des titres qui promettent peu de moralités. Je vois d'ici des pères dindons, des amans hardis, et des filles perdues, il n'y a rien là qui puisse me plaire. J'en ai assez dit et trop peut-être, sur les théâtres du boulevard; mais je suis un rentier du Marais, et ce qui se passe dans mon voisinage a droit de m'intéresser. Enfin je suis homme du peuple, quand je vois ce peuple se porter en foule quelque part, je suppose qu'il s'y trouve des choses dignes d'être vues. Je suis trompé quelquefois, mais il en est d'autres aussi où je puis me féliciter d'avoir cédé à l'attrait de la curiosité. Les plaisirs du peuple, non plus que sa voix et ses applaudissemens, ne sont à dédaigner.

Souscriptions.

Imitation de Jésus-Christ. Traduction du révérend père Gonelieu. Gravures d'après les desseins *d'Horace Vernet.* Entreprise louable : l'ouvrage a paru. Il honore son éditeur, qui ne pouvait débuter plus heureusement,

Orateurs chrétiens, Bourdaloue, Bossuet, Massillon, Fénélon. Les écrits de ces vrais Pères de l'Eglise, ne manquaient pas; cela est prouvé, néanmoins on a bien fait d'en risquer la réimpression, Heureux si les amateurs se montrent aussi zélés que le sont les éditeurs.

Lettres édifiantes et curieuses, écrites des Missions étrangères. Ouvrage attrayant, dont les auteurs, *prêtres*, *voyageurs*, *historiens*, *naturalistes*, et *romanciers* peut-être, ont contribué aux progrès des *sciences*, des *lettres*, des *arts*, et à l'amusement, ainsi qu'à l'édification, de la saine partie du public, j'entends toutes les personnes qui avec le goût de la lecture, profitent de tout ce qu'elle leur offre de bon et de substantiel. Si les auteurs des *Lettres édifiantes* se trouvent offensés de se voir classés parmi les romanciers, qu'ils songent à Fénélon, auteur de notre premier roman moral. Voilà tout ce que je leur adresserai pour excuse, et sans doute ils s'en contenteront.

OEuvres de l'abbé Proyant. 17 *vol. in-8°.* C'est beaucoup, mais cet auteur a célébré les vertus des Bourbons, il est l'historien de *Louis XVI* ; du Dauphin, père de Louis XV, du Dauphin père de Louis XVI, de *Stanislas roi de Pologne*, de *Marie Lecksinka*, reine de France, de *Madame Louise*. N'ayons donc point d'inquiétude, la souscription marchera, si elle ne marche ; mais en voilà sufisamment sur le sacré, passons au profane. *Hommes illustres de Plutarque, traduction d'Amiot.* Cet ouvrage manquoit-il ? j'en doute, les anciennes éditions, infolio et in 8°. ne se trouvaient-elles pas encore en assez bon nombre ? et malgré l'éloge donné par Racine et par J. J. Rousseau, à cette traduction du grand aumônier de France, n'est-elle pas trop vieille, trop gothique, trop barbare? ou plutôt n'est-elle pas devenue illisible ? elle l'est pour moi, cela est certain, et je lui préfère, en attendant mieux, celle du froid, mais laborieux Dacier.

OEuvres de Pierre Corneille, et chefs-d'œuvre de son frère. On aurait pu encore se passer de cette édition, mais elle est belle, mais elle est de luxe. M. Renouard en est l'éditeur, et c'est une garantie plus que suffisante. Les amateurs n'ont pas balancé, mais entendons nous, M. Renouard, avez-vous, respecté le grand Corneille, avez-vous mis toutes ses préfaces et ses examens, c'est que je tiens à tout cela, je tiens même à tout ce qu'a fait *Thomas le cadet de Normandie*, qui fut un vrai *modèle d'académicien*. Dans les plus mauvaises, les plus pitoyables pièces de cet auteur, il y a des traits et même des tirades admirables. Combien de poëtes de nos jours savent cela, et n'en disent rien! Ils ont sans doute leurs raisons.

OEuvres de Voltaire. Ah! nous y voilà! quatre éditions, deux in-8°. et deux in-12, également inutiles; car certes, cela ne manquait pas, surtout depuis les travaux de la stéréotypie. Ces nouvelles éditions, sont très complètes, et par-là plus dangereuses et plus repoussantes; quoi! suffit-il d'un grand nom, pour faire accueillir des libelles, des rapsodies, du fatras?... M. Didot s'était déclaré, il avait fait un choix sage. Il fallait s'en tenir là, et ne point multiplier ce qui sera à jamais la honte des lettres, et du dix-huitième siècle en particulier. Je n'en dirai pas plus sur les OEuvres complètes de Voltaire, mon indignation est trop forte.

OEuvres complètes de Rousseau, 18 vol. in 8°. imprimées par P. Didot. Rien de trop ici. Tout parle au cœur et à la raison, tout porte aux bonnes mœurs et à la vertu. Si l'homme n'est pas sans reproche, du moins ses intentions sont pures, multiplier les œuvres du philosophe chrétien, c'est servir l'humanité, et j'ose dire la religion. O vous qui ne partagez pas mon sentiment, relisez Rousseau, peut-être nous accorderons nous après cette lecture.

OEuvres complettes de Buffon. Réimpression inutile. L'édition in-8 de Didot et Crapelet, est encore en nombre, sans compter que de tous côtés, sur les quais et sur les boulevards, on trouve du Buffon au rabais. J'en dis autant de *Montesquieu*, autant *d'Helvétius*, le moins lu de tous les auteurs du dix huitième siècle ; autant de *Diderot* le verbeux, et l'ennemi de Rousseau; autant de tous les autres prosateurs, dont les œuvres se trouvoient partout. O déluge de livres ! ô maladie de l'esprit humain ! ô folies ! ô misères !... *Caylus*, *Cazotte*, *Chamfort*, *d'Alembert*, *Duclos*, *Hamilton*, *La Harpe*, *Lamotte*, *Laplace*, *Lesage*, *Marivaux*, *Pélisson*, *Prévost*, *Rabelais*, *Raynal*, *Rulhières*, *St. Evremont*, *Saint-Foix*, *Saint-Réal*, *Scarron*, *Tressan*, *Thomas* ; avant toutes ces souscriptions et réimpressions, on savoit bien où vous prendre. On vous rencontrait à chaque pas. On vous rendait hommage, c'en était assez. Dans un temps où la politique absorbe tout, règne partout, peut-on songer à lire, à méditer, à s'instruire ? Non, des journaux le matin, dans la journée les brochures, les affaires, les intrigues et les plaisirs; et le soir les vaudevilles et les chansons : voilà comme l'on vit maintenant en Europe. On voit qu'il n'y a rien là de bien favorable pour les souscriptions ; aussi combien verra-t-on de libraires qui, après avoir converti leurs *francs* en *livres*, ne pourront pas ensuite et avec avantage, changer leurs livres en francs. Les cases seront pleines, les tablettes seront surchargées, et la caisse sera vide. Pour toi, petit rentier du Marais, tu auras tes 1500 francs, et ton inscription sera encore là.

Mélanges de littérature et de philosophie au dix-huitième siècle, par M. l'abbé Morellet, 4 vol. in-8°. Je les ai lus, cela me suffit. Je ne les achèterai pas. Œ*uvres complètes de Rollin*, 16 vol. in-8°. Cela était bon à réimprimer, ainsique l'*Histoire des Empereurs*, par Crevier. *Histoire de France, depuis les Gaulois, jusqu'à la mort de Louis XVI*, par Anquetil. 15 vol. in-12. Voilà l'histoire comme il nous la faut, briève, succincte et dégagée de tout son fatras. Passons à une autre article.

Mémoires de Saint-Simon, bon encore. Les moralistes français, *Montaigne, Charron, Pascal, La Rochefoucauld, La Bruyère, Vauvenargues, Duclos*. Cela ne manquait pas non plus ; mais monsieur Amaury Duval avait commenté ces messieurs. Il n'a pas voulu perdre le fruit de son travail, et il y aurait de la dureté à condamner au silence un membre de l'Institut, surtout lorsqu'il veut bien se borner au rôle d'éditeur et de commentateur, ce qui de nos jours dit bien peu, pas plus peut-être que *traducteur*.

Histoire de Charlemagne, par M. Gaillard; *Histoire de François I*ᵉʳ., par le même; *Rivalité de la France et de l'Angleterre*, par le même encore, et encore trois réimpressions. Il paraît que chaque siècle a ses maladies épidémiques et contagieuses. Comment appeler cette fureur des réimpressions, une maladie? Puisse le public s'en déclarer le médecin puisqu'il est vrai qu'il n'y a que lui qui puisse la guérir.

J'allais poursuivre, lorsque effrayé de ne me trouver qu'à la moitié de mon in-8°. tout composé de *prospectus* que j'ai recueillis et brochés ensemble. J'ai songé à ne prendre que la fleur d'un si bel ouvrage. J'ai donc passé *l'Esprit de la Ligue*, *l'Intrigue du cabinet*, *Louis XIV*, *sa cour et le régent*, *la Bibliothèque portative des voyages* en 49 vol., dont 8 d'atlas, ce qui n'est guère portatif, et aussi les *Comédies de Plaute*,

8 vol. in-8°., *et aussi le Dictionnaire infernal,* et aussi les *Lettres de quelques Juifs portugais*, *l'Israélite français*, et aussi le *Répertoire des opinions sur l'économie politique, le commerce et les finances.* Et enfin, je suis arrivé aux *Considérations sur les principaux événemens de la révolution française*, par madame de Staël.

Alors je me suis dis, cela s'est vendu, cela est maintenant dans toutes les contrées de l'Europe. Mais cet ouvrage est-il bien de madame de Staël, l'auteur de *Corinne*, de *Delphine*, et de *l'Allemague;* l'est-il des *Considérations*?.. J'en doute, la *virilité* ne domine-t-elle pas par trop, et trop ostensiblement dans ces considérations attribuées à une femme, et que sitôt après sa disparition on lance dans le public? Je ne sais, mais je suis un peu *douteur*. Le père de madame de Staël était un maître en politique ; il a pu laisser des manuscrits plus ou moins précieux, que sa fille a pu recueillir et garder religieusement, et commenter et augmenter, sous les yeux et la juridiction de quelques *Lettrés politiques*. La dame meurt, et *tout bien considéré*, l'on fait paraître *ses Considérations*.

Le pouvoir du nom produit son effet. Le manuscrit est payé un prix fou. Mais cette folie du libraire devient sagesse, et des trois et même des quatre articles sont consacrés dans les journaux, à l'analyse de cette production supérieure, et vraiment *virile*. Tout avait donc été préparé pour le mieux. La vogue, la réussite, le succès inoui de cet ouvrage étaient prévus pour ainsi dire. Mais si le public léger, frivole, reçoit sur parole un écrit politique, s'il consent à croire qu'il est d'une femme, si les personnes du sexe, flattées de voir ainsi, et par un livre, leur supériorité établie à jamais; le solitaire, le penseur, le douteur, sourit et se dit: » Ah! le bon peuple, il est toujours le même. »

Je le déclare à la face du ciel, et tel que je le pense. Les *Considérations sur la révolution française* sont l'ouvrage de plusieurs hommes. Madame de Staël a pu y toucher, y répandre son brillant coloris; mais les pensées ne lui appartiennent pas: elles viennent de l'homme; l'homme a empreint son cachet sur chacune d'elles. Ce qui ne dit point que le rentier qui est homme ne pourrait jamais faire autant. Pauvre d'esprit, ainsi que de fortune, il se connaît, et se tient à sa place. Ce ne sera jamais lui qui vendra un manuscrit 35,000 fr. On n'a pas tant de bonheur au Marais.

Statue de Henri IV.

La voilà sur son piedestal. En ma qualité de chasseur de la 11e. légion, j'ai le jour de la Saint-Louis, défilé devant le bon Henri, et ses petit fils. Vive Dieu ! que j'étais content, et d'autant plus que je venais de faire halte devant l'Institut, où sitôt notre arrivée, les lions, de la fonderie du Creusot, nous avaient jeté, pour nous rafraîchir, un filet d'eau au visage. C'était fort honnête de leur part ; mais cela ne restaurait point des gens qui venaient de si loin. Une idée me vint en contemplant la porte d'entrée de messieurs les *quarante* et *consorts*. Ces messieurs ont sans doute un concierge, me dis-je, lequel peut avoir une cave bien fournie, et comme un portier de feuillans, ou de bénédictins ? Je sors des rangs, j'entre chez ce concierge, je demande ce que je souhaite, et tout aussitôt, on me présente avec affabilité *une bouteille à* 25. J'en goûte, et j'appelle les camarades; ils viennent, nous trinquons, et buvons à la santé du bon Henri, à celle du roi, de sa famille... et nous sommes rappelés aussitôt, nous marchons *en avant* et *au pas*, ce qui est à remarquer.

Un coup d'œil vers le trône, un vers la statue, voilà tout ce que je me permis. Mais le lendemain à six heures du matin, j'étais avec ma femme et mes marmots, devant et tout auprès de la statue. Bon Parisien du bon Dieu, je ne pouvais pas moins. Le même jour la poule au pot, et l'on s'est un peu écarté de la dépense ordinaire. Mais l'inscription est encore entière, et le prochain semestre couvrira le déficit.

Comme il n'y a point de plaisir sans peine, une chose m'a déplu : c'est *l'in-*

scription latine. Il faut qu'on l'ôte, qu'on en mette une toute française, toute simple et en style lapidaire. Ce n'est pas seulement moi qui dit cela, c'est tout le peuple. Sa demande est juste, et doit être prise en considération. La langue des *Bossuet*, des *Racine*, et des *Buffon*, vaut bien je pense celle des *Cicéron*, des *Virgile*, et des *Pline*. Pédantisme, tu as beau te remontrer, ton empire est détruit.

Errata.

Mon cher éditeur, souffrez que cet article figure à la fin de mon livre. Il s'y trouve des fautes de typographie, tellement graves, que messieurs les journalistes que je n'ai pas trop respectés, pourraient bien par ricochets, me les attribuer, et aussi me les reprocher à leur manière, c'est-à-dire le plus rigoureusement possible. Un petit rentier du Marais n'est pas un homme assez considérable à leurs yeux, pour qu'ils l'épargnent en passant légèrement, sur la partie faible de son livre. L'hermite s'attend à être bien drapé par les drapiers littéraires ; il n'a ni rang ni titre, majorat ni cordon, château ni domaine, donjon ni colombier, moulin ni usine, il n'a qu'un petit logement dans les mansardes de la Place-Royale, une femme très-féconde, des enfans très-vifs, très-turburlens, et enfin, une inscription de quinze cents francs sur le grand-livre de la dette publique. Mais l'équité règne dans les rédactions ; mais les journalistes sont pour la plupart lettrés et honnêtes gens, ils voyent le livre et non l'homme. Qu'ils s'emparent donc du mien, qu'ils le lisent, l'analysent, le jugent : et je me trouverai trop honoré.

Je suis bon homme au fond, et incapable de récriminer contre un article dans lequel l'on m'aura adressé quelques dures vérités.

Eh! qu'elles viennent ces vérités, j'en suis avide, qu'elles viennent, qu'elles m'instruisent et m'éclairent; qu'elles pénètrent dans mon cœur et s'y établissent; j'en vaudrai mieux. Né parmi le peuple ou plutôt jeté au milieu du monde, comme la pierre, qu'en se jouant l'enfant jette au milieu d'un champ, quels vœux puis-je former, quelles prétentions puis-je avoir? sinon de faire passablement un livre, lorsqu'à force de leçons et de corrections, les aristarques de mon siècle m'auront rendu moins gauche et moins novice dans le bel art de peindre et d'exprimer ses pensées.

Et vous, qu'avec une hardiesse presque cynique, j'ai nommés et désignés, vous

Français, de tout rang, de tout état, de tout sexe; vous *auteurs*, *artistes*, *marchands*, *artisans*, *peuple :* je vous porte en mon cœur, où tout ce qui est français se trouve accueilli. Je ne sus jamais nuire, ni haïr. Aimer est ma joie, aimer est le charme de ma vie; et je voudrais pouvoir transférer mon inscription sur toutes les têtes françaises, à qui ce petit cadeau ferait plaisir.

―――

Prière de l'Hermite.

Mon Dieu ! protégez toujours la France. Prolongez les jours du Roi, ceux de sa famille. Souriez à la Charte, et aux deux Chambres, maintenez l'équité dans le cœur des juges. Empêchez les vieilles moustaches de vieillir et de mourir avant d'avoir formé de nombreux disciples. Mon Dieu ! faites diminuer le prix du pain, celui du vin; étouffez dans le cœur du peuple la passion de la loterie, éclairez-le sur ses vrais intérêts! qu'il préfère son pays à tout autre, qu'il en chérisse et en respecte les lois! que nos alliés, contens de nous comme nous le sommes d'eux, s'en retournent auprès de leurs pères, de leurs mères, de leurs femmes, de leurs enfans. qu'ils aiment la France, parce qu'elle est vraiment aimable, mais qu'ils n'y reviennent plus en si grand nombre, à moins que ce ne soit comme les Anglais, pour remplir tous les hôtels garnis, les châteaux, les villes, et y manger le plus gaiement possible leur grande ou petite fortune!

Mon Dieu! je ne vous demande rien pour moi, je suis content de mon sort; ma femme m'aime et me le prouve par sa fécondité; mes enfans grandissent et jouent à cœur joie; mes semestres me sont payés exactement, et à numéro.

Paris que j'aime et dont je suis un enfant, continue à s'embellir; le Luxembourg, les Tuileries, les Champs-Elysées me sont ouverts pour mes promenades. Que me faut-il de plus, quel vœu me reste-t-il à former? Sinon celui-ci. Je suis Français. Que la France soit heureuse et prospère, qu'elle soit encore et toujours la patrie de la gloire, des vertus et des talens.

FIN DU SECOND ET DERNIER VOLUME.

www.ingramcontent.com/pod-product-compliance
Lightning Source LLC
Chambersburg PA
CBHW071935160426
43198CB00011B/1402